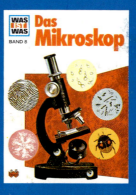 
 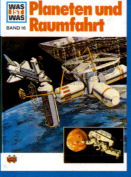   

 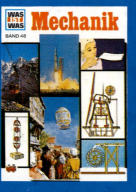 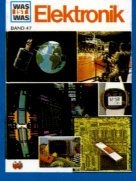  

Weitere Titel siehe letzte Seite.

Ein  Buch

Fliegerei

Von H. J. Highland

Illustrationen von Anne-Lies-Ihme, Gerd Werner und George I. Zaffo

Wissenschaftliche Überwachung
Dr. Paul E. Blackwood
und Ing. Wilfried Heller

Cockpit einer Boeing 747

Tessloff Verlag

Professor Haber zu diesem Buch:

Professor Dr. rer. nat. habil. Heinz Haber

Schnell und erfolgreich hat der Mensch die Kunst des Fliegens erlernt und gemeistert. Noch zu Anfang dieses Jahrhunderts hatte man nur den Ballon, wenn man sich in die Lüfte erheben wollte. Die Eroberung des Luftmeeres mit Motorflugzeugen ist eine der größten Erfolgsstorys unserer Zeit. Wie alle Entwicklungen in der Technik ist sie in mehreren Schüben abgelaufen. Die ersten Flugzeuge waren nur bessere Drachen aus Holz und Segeltuch, angetrieben von Mopedmotoren. Nach dem ersten Weltkrieg baute man die ersten Metallflugzeuge. Die nächsten Fortschritte kamen durch die Spezialentwicklung von leichten und leistungsfähigen Kolbenmotoren. So flogen wir bis zur Jahrhundertmitte — immerhin schon von Kontinent zu Kontinent.

Dann kam die Gasturbine, das Strahlentriebwerk. Das war ein echter Schub, der das Tempo unserer Flugzeuge bis an die Schallgrenze und darüber hinaus beschleunigte, auch in der Zivilluftfahrt.

Diese spannende Geschichte können wir hier nachlesen. Wir erfahren auch, wie ein Flugzeug überhaupt fliegen kann, wie seine Triebwerke funktionieren und wie es sein Ziel findet. Trotz der überfüllten Flughäfen und des Massentransports von Menschen ist die Fliegerei so reizvoll wie je. Früher wollte jedes Kind einmal Lokomotivführer werden — heute steht der Flugzeugpilot als Traumberuf an erster Stelle.

Heinz Haber

WAS IST WAS, Band 10

Copyright © 1973, 1980 Neufassung Tessloff Verlag · Nürnberg · Hamburg
Copyright © 1973 by Grosset & Dunlap, New York
Die Verbreitung dieses Buches oder von Teilen daraus durch Film, Funk oder Fernsehen, der Nachdruck und die fotomechanische Wiedergabe sind nur mit Genehmigung des Tessloff Verlages gestattet.
ISBN 3-7886-0250-3

Inhalt

Der Traum vom Fliegen
Warum träumten die Menschen vom Fliegen? 4
Wer war der erste Mensch, der fliegen konnte? 5
Wie wollte Leonardo da Vinci fliegen? 6

Leichter als Luft
Was ist Aerostatik? 7
Wann flog der erste Ballon? 7
Warum fliegt ein Wasserstoffballon? 9
Wann startete die erste internationale Luftpost? 9
Was ist ein lenkbares Luftschiff? 9
Wann flogen die ersten Luftschiffe? 10
Was ist ein Zeppelin? 11
Warum baut man heute keine Zeppeline mehr? 12

Die Pioniere der Luftfahrt
Was ist Aeronautik? 13
Wie fliegt ein Gleitflugzeug? 14
Wer unternahm den ersten erfolgreichen Motorflug? 15
Wie entwickelte sich die frühe Fliegerei? 16
Wann wurde der Atlantik zum erstenmal überquert? 17
Wer schaffte den ersten Alleinflug von den USA nach Europa? 18
Was war das erste richtige Passagierflugzeug? 19
Seit wann gibt es Druckkabinen? 20

Fliegen – vorwärts und rückwarts
Wer entwarf den ersten Hubschrauber? 21
Warum können Hubschrauber auf der Stelle schweben? 22
So fliegen Hubschrauber 22

Die Theorie des Fliegens
Warum kann ein Flugzeug fliegen? 23
Wodurch steigt und sinkt ein Flugzeug? 24

Wie geht es in die Kurve? 24
Bedienungsinstrumente 24
Zwei Experimente zur Technik des Fliegens 25

Luftstraßen am Himmel
Was sind Luftstraßen? 26
Kann der Pilot nach Sicht fliegen? 27
Wann wird ein neues Verkehrsflugzeug zugelassen? 28
Wie können die Piloten bei jedem Wetter fliegen? 28
Wie bereitet ein Flugkapitän seinen Flug vor? 30

Schneller als der Schall
Wie fliegt ein Düsenflugzeug? 31
Düsentriebwerke 32
Wer baute den ersten Düsenantrieb? 32
Warum verwendet man Turboprops? 33
Was ist die Schallmauer? 33
Was ist 1 Mach? 34
Was bewirkt die Schallmauer? 35
Wer durchbrach als erster die Schallmauer? 36
Was erschwert den Linienverkehr mit Überschall? 36
Warum fliegen Flugzeuge im Jetstrom? 38
Was ist ein Senkrechtstarter? 39
So wird man Verkehrspilot 40

Raketen und Satelliten
Was ist eine Rakete? 41
Wozu verwendete man früher Raketen? 41
Wer waren die ersten Raketenforscher? 42
Warum fliegt eine Rakete? 43
Was sind Feststoff-, was Flüssigkeitsraketen? 43
Was ist ein Satellit? 44
Warum bleibt ein Satellit am Himmel? 45
Was sind Trägerraketen? 46
Wozu verwendet man Satelliten? 47

„Der Sturz des Ikarus", Gemälde von Pieter Bruegel d. Älteren (um 1520—1569). Auf der Flucht aus dem Labyrinth auf Kreta kam Ikarus der griechischen Sage nach mit seinen durch Wachs zusammengehaltenen Flügeln der Sonne zu nahe und stürzte bei Samos ins Meer (im Bild rechts unten).

Der Traum vom Fliegen

Warum träumten die Menschen vom Fliegen?

Der Traum des Menschen vom Fliegen, der Wunsch, die Sterne zu erreichen, ist so alt wie die Menschheit selbst. Und es ist nur zu begreiflich, daß der vorzeitliche Mensch, der plötzlich einem wilden, angreifenden Tier gegenüberstand, sich danach sehnte, aufspringen und wie ein Vogel fortfliegen zu können.

In alten Sagen und religiösen Überlieferungen finden sich genügend Beweise für die Sehnsucht, fliegen zu können. Aber Wünsche und Träume heben keinen Menschen von der Erde empor, und die wunderbare Fähigkeit, fliegen zu können, blieb den Göttern vorbehalten. Jeder der Götter konnte auf besondere Weise fliegen: Bei den alten Griechen lenkte Phaethon, der Sohn des Helios, die wilden Pferde, die den Sonnenwagen über den Himmel zogen. Merkur, der Götterbote, hatte Flügel an Helm und Sandalen. Das geflügelte Pferd Pegasus konnte schneller, weiter und höher als alle Vögel fliegen; und auch die Boten Gottes, die Engel, wurden zwar in der frühchristlichen Zeit flügellos dargestellt — seit dem 4. Jahrhundert sind sie jedoch nach dem Vorbild antiker Götter und Halbgötter beflügelt.

Der Traum vom Fliegen war auf der ganzen Welt verbreitet. Im alten Ägypten und Babylon stellte man Stiere, Löwen und selbst Menschen mit Flügeln dar. Die alten Chinesen und Griechen, die Azteken in Mittelamerika und die Irokesen Nordamerikas — alle träumten diesen Traum.

Nach einer alten griechischen Sage war Dädalus, der Erfinder aus Athen, der erste Mensch, der fliegen konnte. Er und sein Sohn Ikarus wurden auf der Insel Kreta von König Minos gefangengehalten. Um zu fliehen, formte Dädalus Flügel aus Wachs, in die er Vogelfedern steckte.

> **Wer war der erste Mensch, der fliegen konnte?**

Während des Fluges stieg Ikarus zu hoch, und die Sonne ließ das Wachs schmelzen. Er stürzte ins Meer und ertrank; der Teil jenes Meeres heißt heute noch zu Ehren des ersten Menschen, der dort der Sage nach sein Leben beim Fliegen verlor, Ikarisches Meer. Man sagt, sein Vater habe den Flug fortgesetzt und das einige hundert Kilometer entfernte Sizilien erreicht.

Der erste Mensch, der sich wissenschaftlich mit dem Fliegen beschäftigte, war der englische Mönch Roger Bacon (1219—1294). Er stellte sich die Luft um und über uns als ein Meer vor und glaubte, daß ein Ballon auf der Luft genauso wie ein Boot auf dem Wasser schweben könne. Ein Ballon — oder Luftboot — sollte mit „ätherischer" Luft gefüllt werden, um auf dem Luftmeer schweben zu können. Wir wissen nicht, was Bacon mit „ätherischer Luft" meinte; doch schreiben viele ihm das Verdienst zu, die grundlegende Vorstellung von der Ballonfahrt gehabt zu haben.

Fast 400 Jahre später knüpfte Francesco de Lana, ein italienischer Priester, an Bacons Vorstellung vom Fliegen an. Er entwarf ein Boot mit Mast und Segeln, das durch vier hohe Kugeln in der Luft gehalten werden sollte.

Auch dieser griechische Sphinx (Kalkstein, 6. Jahrhundert v. Chr.) hat Flügel — Ausdruck der menschlichen Sehnsucht, sich von der Erde erheben zu können.

Der Greif, auf diesem Wandteppich um 1450 mit einem Liebespaar dargestellt, war in der griechischen, römischen und romanischen Kunst ein Fabeltier mit dem Leib eines Löwen und Kopf und den Flügeln eines Adlers.

Jede Kugel sollte einen Durchmesser von etwa 6 m haben und aus sehr dünnem Kupfer hergestellt werden. Die Luft sollte aus den Kugeln entfernt werden, so daß sie schweben und das Boot in die Luft heben könnten.

De Lanas Boot wurde niemals gebaut, da es nicht möglich war, in jenen Zeiten Kugeln aus solch dünnem Metall und in solcher Größe herzustellen. Und selbst wenn man die dünnwandigen Kugeln hätte bauen können, wären sie vom Luftdruck eingedrückt worden.

Wie wollte Leonardo da Vinci fliegen?

Leonardo da Vinci war nicht nur der größte Mathematiker des 15. Jahrhunderts, sondern auch ein bekannter Maler, Architekt, Bildhauer und Ingenieur. Er studierte den Vogelflug und die Luftbewegung und kam zu dem Schluß, daß die Vögel fliegen, weil sie mit den Flügeln schlagen, und daß der Mensch das gleiche tun könne. Leonardo entwarf ein Schwingenflugzeug, eine flügelschlagende Flugmaschine. Die Flügel sollten mit den Armen und Beinen bewegt werden.

Solch ein Gerät baute um 1660 der englische Naturforscher Robert Hooke und stellte damit einige Versuche an. Er behauptete, daß er Erfolg gehabt habe, aber er schrieb auch von seinen großen Schwierigkeiten, in der Luft zu bleiben. Er erkannte als erster, daß Federn für einen Flug nicht nötig sind.

Noch viele andere versuchten, mit einem Schwingenflugzeug zu fliegen — und alle scheiterten. Ende des 17. Jahrhunderts wies der Italiener Borelli nach, daß der Mensch niemals mit eigener Kraft fliegen könne. Doch die Versuche tollkühner Springer gingen weiter.

Und erst kürzlich wurde der Versuch eines Menschen, sich aus eigener Kraft in die Luft zu erheben, von Erfolg ge-

Im Jahr 1811 versuchte der Ulmer Schneidermeister Albrecht Berblinger, mit selbstgefertigten Flügeln von der Adlerbastei herunterzufliegen. Er landete in der Donau.

De Lanas Luftboot (links) sollte mit vier luftleeren Kugeln über den Wolken fliegen können.

Am 12. Dezember 1979 überquerte der Amerikaner Bryan Allen in einem mit Muskelkraft betriebenen, fahrradähnlichen Flugzeug den Ärmelkanal. Das Foto zeigt den Apparat kurz vor der Landung bei Cap Griz Nez (Frankreich).

krönt: 1979 strampelte der US-Student Bryan Allen in 2 Stunden und 49 Sekunden in seinem „Fliegenden Fahrrad" die 36 km von Folkestone (Großbritannien) nach Cap Griz Nez (Frankreich) über den Kanal. Über Pedal und Kette brachte er den 4 m langen Propeller auf 76 Umdrehungen pro Minute. Der Flug war so anstrengend, daß Allen mehrere Male aufgeben wollte. Aber er strampelte weiter: Er kann nämlich nicht schwimmen.

Leichter als Luft

Was ist die Aerostatik?

Im Jahre 1643 bewies der italienische Physiker und Mathematiker Torricelli, der Erfinder des Quecksilberbarometers, daß Luft und alle anderen Gase Gewicht und Dichte haben. Diese Entdeckung war der Beginn der Wissenschaft von der Aerostatik. Die Aerostatik — die Lehre vom Gleichgewicht der Gase — erforscht die Bedingungen, unter denen ein Körper in der Luft und anderen Gasen einen Auftrieb erfährt und damit die Fähigkeit erhält, zu schweben, ähnlich wie Fische und U-Boote im Wasser schwimmen. Wesentlich ausgebaut wurde diese neue Wissenschaft nach 1766, als der englische Chemiker Henry Cavendish, der die Zusammensetzung der Luft erforschte, ein neues Gas entdeckte, das leichter als Luft ist. Diese „brennende Luft" nannte der französische Chemiker Lavoisier später Wasserstoff.

Wann flog der erste Ballon?

16 Jahre, nachdem Cavendish das neue Gas entdeckt hatte, betrachteten die französischen Gebrüder Joseph und Jacques Montgolfier eines Abends den Rauch eines Kaminfeuers, der durch den Schornstein nach oben stieg. Joseph kam ein Gedanke. Er nahm ein Stück Seide, machte daraus eine unten offene Hülle und hielt sie über das Ka-

7

Am 21. November 1783 erhoben sich zum ersten Mal Menschen mit einem Heißluftballon in die Luft. Die zeitgenössische Radierung zeigt den Start der „aerostatischen Maschine" der Gebrüder Joseph und Etienne Montgolfier in einem Pariser Park. Selbst das französische Königspaar war zu diesem Spektakel erschienen und applaudierte den mutigen Luftschiffern begeistert.

minfeuer. Die Hülle füllte sich mit Rauch und heißer Luft und schwebte empor. Das gab den Anstoß zu den Ballonflugversuchen der Montgolfiers. Sie stellten eine mit Papier gefütterte und von einem Hanfnetz überzogene Leinwandhülle von 33 m Umfang her. Am 5. Juni 1783 hängten sie die Hülle über ein Feuer aus Wolle und feuchtem Stroh, um sie mit Rauch und heißer Luft zu füllen. Die Hülle stieg fast 2000 Meter hoch und schwebte etwa 10 Minuten. Sie fiel, als das erhitzte Gas in der Hülle abkühlte, wieder zur Erde und landete einige Kilometer weit entfernt. Ein von Menschenhand hergestellter Körper war tatsächlich geflogen.

Die Brüder Montgolfier bauten etwas später mit Hilfe der französischen Königlichen Akademie einen anderen Ballon, der einen Durchmesser von 12 m hatte. Er trug eine Last von etwa 230 kg in die Luft; damit war bewiesen, daß es möglich war, einen Menschen aufsteigen zu lassen. Am 19. Septem-

Etienne, im Vordergrund (1745—1799), und Joseph (dahinter, 1740—1810) Montgolfier; Stahlstiche nach einem zeitgenössischen Gemälde.

ber 1783 trug der Ballon in Gegenwart des französischen Königspaares, Ludwig XVI. und Marie-Antoinette, seine ersten Passagiere — eine Ente, einen Hahn und ein Schaf — und brachte sie sicher wieder zur Erde zurück. Und am 21. November 1783 schließlich wurde der erste Aufstieg mit Menschen an Bord unternommen: Jean François Pilâtre de Rozier und sein Begleiter schwebten über die Dächer von Paris.

Kurz nachdem Rozier die erste Ballonfahrt gemacht hatte, füllte Jacques A. C. Charles, ein französischer Physiker, eine Ballonhülle aus Seide, die durch Kautschuk dicht gemacht worden war, mit dem von Cavendish entdeckten Wasserstoff. Dieser Ballon stieg schneller als die anderen; er blieb zwei Stunden in der Luft und landete schließlich 45 km entfernt. Als Charles' Begleiter ausstieg, erhob sich der nun leichter gewordene Ballon abermals und stieg — zu Charles' Entsetzen — bis in 2750 m Höhe.

Warum fliegt ein Wasserstoffballon?

Die „Charlières", wie man solche Wasserstoffballons lange Zeit nannte, stiegen schnell, weil Wasserstoff etwa 14-mal leichter ist als Luft. Die Luft in einem Ballon von etwa 1 m Durchmesser wiegt 675 g, das Gewicht von Wasserstoff in einem gleichgroßen Ballon beträgt nur 48 g.

Der bekannteste der frühen Ballonfahrer war der Franzose François Blanchard. Er führte Ballonfahrten in ganz Europa vor. Seine berühmteste Ballonfahrt ging 1785 von Dover nach Calais über den Ärmelkanal; er beförderte damals die erste internationale Luftpost. Er unternahm auch 1788 in Frankfurt den ersten Ballonaufstieg in Deutschland.

Wann startete die erste internationale Luftpost?

Ein anderer berühmter Ballonfahrer war Hauptmann Coutelle von der französischen Revolutionsarmee; er stieg als erster mit einem Ballon auf, der für Kriegszwecke benutzt wurde. In der Schlacht von Fleurus im Jahre 1794 übermittelte er durch Zeichen Nachrichten an den General Jourdan, der auf diese Weise über den Stand der Schlacht unterrichtet wurde.

Die ersten Ballons bestanden aus einer aufgeblasenen Hülle, an der ein offener Korb, eine Gondel, durch Taue befestigt war. Wenn der Ballon höher steigen sollte, verringerte

Was ist ein lenkbares Luftschiff?

Unstarres Luftschiff des Deutschen August Parseval 1906 über Berlin. Durch elektrische Projektion wurden Reklameschriften auf die Ballonhülle geworfen. Gemälde von H. R. Schulze.

Mit Wasserstoff gefüllte Ballon-Kombination des Deutschen Theodor Sivel, aufgestiegen am 26. Mai 1851 in Leipzig.

Moderner, mit Wasserstoff gefüllter Ballon über den Alpen. Der Ballonsport findet in der ganzen Welt große Verbreitung.

der Ballonfahrer das Gewicht des Ballons, indem er Ballast, kleine Sandsäcke, die an den Seiten der Gondel befestigt waren, abwarf. Sollte der Ballon sinken, öffnete er ein Ventil und ließ etwas Gas entweichen. So konnte man den Ballon steigen und sinken lassen, aber es gab keine Möglichkeit, den Flug zu steuern. Wenn der Ballon einmal in der Luft war – und die Menschen mit ihm –, war er vom Winde abhängig.

Man probierte Segel und Ruderblätter, um die Ballons steuern zu können.

Aber erst als die Dampfmaschine so weit entwickelt war, daß sie die Antriebskraft liefern konnte, gelang es, lenkbare Flugkörper zu bauen.

Ein lenkbares Luftschiff besteht aus einer langen, spitz zulaufenden, mit Gas gefüllten Hülle; es hat Kabinen oder Gondeln für Passagiere an der Unterseite. Das Luftschiff ist aber nicht vom Wind abhängig; es wird von Propellern vorwärts bewegt, die mit Kraftmaschinen angetrieben werden.

Um zu steigen und zu sinken, benutzten die ersten Luftschiffe ein Gewicht, das verschoben werden konnte. Wenn man das Gewicht nach vorn verschob, ging die Nase des Luftschiffes nach unten; wurde das Gewicht zum Heck hin bewegt, zeigte die Nase aufwärts. Bei modernen Luftschiffen benutzt man waagerechte Schwanzflossen, um die Auf- und Abwärtsbewegungen zu steuern. Senkrechte Schwanzflossen dienen dazu, Kurven zu fliegen.

Im Jahre 1852, fast 70 Jahre, nachdem

> **Wann flogen die ersten Luftschiffe?**

der erste Ballon der Montgolfiers bei Lyon aufgestiegen war, baute Henri Giffard, ein französischer Ingenieur, das erste brauchbare, mit Wasserstoffgas gefüllte Luftschiff. Es hatte die Form einer Zigarre, war 44 m lang und mit einer kleinen 3-PS-Dampfmaschine ausgerüstet, die einen Propeller antrieb. Wegen der niedrigen Geschwindigkeit, die unter 8 km in der Stunde lag, trieb das Luftschiff bei starkem Wind rückwärts.

In den folgenden Jahrzehnten bauten noch andere Franzosen und auch deutsche Ingenieure viele neue Luftschiffe. Das erste wirklich brauchbare baute 1899 der Deutsche Ferdinand Graf von Zeppelin.

Was ist ein Zeppelin?

Die frühen Luftschiffe waren unstarr, das heißt, sie hatten kein stabiles Innengerippe und erhielten ihre Form nur durch inneren Überdruck. Es waren lange, mit Gas gefüllte Hüllen, an

LZ III, erbaut 1906 in Berlin, im Lorbeerkranz sein Erbauer Graf Zeppelin. Darunter: Führerstand des Luftschiffs LZ 127, erbaut 1928.

denen die Gondeln mit den Propellern befestigt waren. Indem man Längsstreben zur Verstärkung benutzte, bekam man ein halbstarres Luftschiff.

Graf Zeppelin baute das erste starre Luftschiff. Nach ihm nannte die Bevölkerung solche Luftschiffe „Zeppelin". Der erste „LZ 1" (**L**uftschiff **Z**eppelin 1) besaß ein festes, starres Gitterwerk, das mit einer Hülle überzogen war. Im Innern befanden sich mehrere mit Gas gefüllte Zellen; unter dem Gerippe aus Längs- und Querträgern hing eine Kabine für Besatzung und Passagiere. Der Zeppelin hatte eine Länge von 128 m, besaß zwei 15-PS-Motoren und flog 32 Stundenkilometer. Bald bauten auch andere deutsche Firmen Luftschiffe. Von 1914 bis 1918 wurden etliche zur Bombardierung Englands eingesetzt. Nach dem Kriege begannen auch andere Länder starre Luftschiffe zu bauen.

Im Ersten Weltkrieg warfen Starr-Luftschiffe vom Typ Schütte-Lanz Bomben über London ab.

11

Im Jahre 1929 brauchte „LZ 127 Graf Zeppelin" ungefähr zehn Tage (reine Flugzeit), um 35 000 km um die Erde zu fliegen. Zeppeline brachten Passagiere, Fracht und Post in viele Gegenden der Erde.

Der größte Zeppelin, der je gebaut wurde, hieß „LZ 129 Hindenburg" (247 m Länge und 41 m Durchmesser). Seine Fluggeschwindigkeit betrug 125 km/h. Er machte 63 Flüge, davon 37 über den Atlantik. In dem 1936 fertiggestellten Luftriesen gab es für die 50 Passagiere fließendes kaltes und warmes Wasser, eine Bar und eine Musikkapelle sowie ein windgeschütztes Promenadendeck für Spaziergänge an der frischen Luft. Im Mai 1937 explodierte die „Hindenburg" bei der Landung in Lakehurst (USA) und brannte aus.

Luftschiff LZ 126 in der Montagehalle in Friedrichshafen am Bodensee

37mal flog LZ 127 nonstop über den Atlantik. Das Foto zeigt den Luftriesen nach einem Atlantikflug am fahrbaren Ankermast in Lakehurst (USA).

Warum baute man keine Zeppeline mehr?

Zwei Umstände trugen dazu bei, daß die Zeit der Zeppeline zu Ende ging. Jene Zeppeline, die mit Wasserstoff gefüllt wurden, waren gefährlich, da Wasserstoff ein leicht brennbares Gas ist. Der letzte mit Wasserstoff gefüllte Zeppelin war die „Hindenburg".

Helium, ein natürliches, leichtes Gas, das nicht brennt, stand den Deutschen damals nicht zur Verfügung. Aber auch die Amerikaner und die Briten gaben den Bau auf, nachdem einige Luftschiffe trotz Heliumfüllung in schlechtem Wetter verlorengegangen waren.

Gegen die Konkurrenz der schnelleren Flugzeuge konnten sich die Zeppeline in der Verkehrsfliegerei nicht behaupten. Heute werden nur noch kleinere Luftschiffe zu Reklamezwecken gebaut.

Zweimal versagte die Startschleuder, als Langleys Flugzeug starten sollte. Beide Male fiel es ins Wasser.

Die Pioniere der Luftfahrt

Was ist Aeronautik?

Man hat Sir George Cayley den „Vater der Aeronautik" genannt, weil er als erster die vielen Erfahrungen und Erkenntnisse des Flugs theoretisch zusammenfaßte. Aeronautik ist die Wissenschaft vom Fliegen, einschließlich der Theorie und Konstruktion von Ballons, Luftschiffen und Flugzeugen; sie umfaßt auch die Aerodynamik, die Lehre von den Bewegungsgesetzen strömender Gase.

Cayley war Engländer, er lebte von 1773—1857. Er war überzeugt, daß es möglich sein müsse, ein Flugzeug durch die Luft fliegen zu lassen, wenn es nur leicht genug sei und wenn Luft gegen die Flügel gepreßt werden könnte, indem man das Flugzeug durch die Luft bewegte. Cayley glaubte nicht an die damals allgemein anerkannte Theorie, daß nichts fliegen könne, was schwerer als Luft ist; Vögel, sagte er, sind schwerer als Luft — und sie fliegen doch.

Er baute mehrere Modellsegelflugzeuge und schließlich einen Dreidecker in Originalgröße, mit dem — allerdings nur aus Versehen — ein Mensch einen mehrere Meter großen Luftsprung getan haben soll.

Um das Flugzeug leicht zu machen, verwendete er anstatt massiver Holzteile Kreuzverspannungen zum Verstärken der Flügel. Das zweite Problem — das Flugzeug durch die Luft be-

Zeichnung von Otto Lilienthal aus seinem Buch: „Der Vogelflug als Grundlage der Fliegekunst".

13

Otto Lilienthal während eines Fluges in einem seiner ersten Hängegleiter. Er steuerte den Apparat durch Drehbewegungen seines Körpers. Lilienthal stürzte 1896 bei einem Gleitversuch nach über 2000 Flügen tödlich ab.

wegen — sollte durch eine Maschine gelöst werden, die den Propeller antrieb. Cayley entwarf einen Verbrennungsmotor, für den Erdöl oder Benzin, wie wir es heute nennen, verwendet werden sollte. Aber der Brennstoff war zu teuer, und Cayley war gezwungen, auf diesen Motor zu verzichten. Erst 100 Jahre später wurde eine solche Maschine mit Erfolg gebaut.

Unmittelbar vor den erfolgreichen Motorflugzeugen war der Gleiter entwickelt worden. Als Segelflugzeug ist er heute noch beliebt. Das Gleitflugzeug benutzt Luftströmungen für seinen Flug. Es kann von einem hohen Hügel oder durch Winden- oder Autoschlepp gestartet werden. Beim Anrollen verursacht die Luft, die an den Flügeln vorbeiströmt, den nötigen Auftrieb. Der Gleiter erhebt sich in die Luft. Bei günstigem Wetter wird der Gleiter von den Aufwinden erfaßt. Er steigt in die Höhe und gleitet abwärts, wenn der Aufwind nicht mehr kräftig genug ist. Den wichtigsten Beitrag zu dieser Entwicklung lieferten die deutschen Brüder Otto und Gustav Lilienthal. Noch während sie die Schule besuchten,

Wie fliegt ein Gleitflugzeug?

baute Otto seinen ersten Gleiter mit Flügeln, die 1 m breit und 2 m lang waren. Diese Maschine hatte noch keine Höhen- und Seitensteuer. Sie wurde gesteuert, indem der Pilot Beine und Rumpf und damit den Schwerpunkt des Gleiters verlagerte.

Otto Lilienthal machte 1891 in Anklam (Pommern) seinen ersten erfolgreichen Gleitflug. Die beiden Brüder hatten beobachtet, daß die Vögel gegen den Wind starten, und sie machten es mit ihren Gleitern ebenso. Sie bauten viele Eindecker und Doppeldecker und unternahmen über 2000 erfolgreiche Flüge.

Otto Lilienthal hätte wahrscheinlich mit einem Flugzeug fliegen können, wenn

Die „Luftdampfkutsche" des Engländers Henson aus dem Jahr 1842 flog nie — sie war zu schwer.

Moderner Hängegleiter am Fuß des von König Ludwig II. von Bayern erbauten Schloß Neuschwanstein bei Füssen (Allgäu). Im Gegensatz zu Segelflugzeugen, die Höhen- und Seitenruder haben, werden Gleiter nur durch Verlagerung des Körpergewichts gesteuert.

er eine brauchbare Maschine gehabt hätte. Bei dem Versuch, ein Höhensteuer auszuprobieren, verlor Otto Lilienthal am 9. August 1896 sein Leben. Eine Windböe erfaßte seine Versuchsmaschine im Flug, sie stürzte ab und wurde zerstört.

Der amerikanische Professor Langley — Mathematiker, Physiker und Architekt — war der letzte große Pionier der Lüfte, dessen Flugversuche

Wer unternahm den ersten erfolgreichen Motorflug?

fehlschlugen. Von 1866 bis zu seinem Tode 1906 befaßte er sich mit theoretischen und praktischen Forschungen über Aerodynamik und lieferte die Antworten auf mehrere Fragen, die gelöst werden mußten, bevor die Fliegerei erfolgreich werden konnte.

Für sein Flugzeug „Aerodrome" konstruierte und baute Langleys Assistent Charles Manly den ersten Sternmotor, bei dem die Zylinder in einem Kreis um die Kurbelwelle angeordnet sind. Der Motor mit einer Leistung von 52 PS wog nur 57 Kilogramm, ein Gewichtsverhältnis, das 20 Jahre lang nicht verbessert werden konnte. Und der Motor brauchte Benzin als Brennstoff — Cayleys Traum ging in Erfüllung.

Schon 1896 war Langleys „Aerodrome" nach Katapultabschuß unbemannt 1000 m weit geflogen; als es aber am 7. Oktober 1903 erstmals mit Manly an Bord starten sollte, versagte die Startschleuder, und das Flugzeug fiel ins Wasser. Das gleiche geschah bei einem zweiten Versuch. Daraufhin gab Langley seine Versuche auf.

Am 17. Dezember 1903 unternahmen die Gebrüder Wright in Kitty Hawk in Nord-Karolina (USA) den ersten erfolgreichen bemannten Motorflug.

Wilbur und Orville Wright waren Fahrrad-Fabrikanten in Dayton (Ohio/USA); schon um 1900 bauten und flogen sie Gleiter, mit denen sie zwei Minuten in der Luft bleiben konnten. Nach vielen Versuchen mit Modellen, die sie in einem Windkanal prüften, entwarfen und bauten sie einen Vier-Zylinder-Motor, der über 200 Pfund wog und 24 PS entwickelte. Sie montierten diesen Motor in einen Doppeldecker, und Orville Wright unternahm damit bei Kitty Hawk im Jahre 1903 vier erfolgreiche Flüge. Der erste dauerte nur 12 Sekunden und erreichte eine Weite von 50 m. Beim vierten Versuch schaffte das Flugzeug 260 m und blieb 59 Sekunden in der Luft. Diese ersten Motorflüge waren der Anfang der heutigen Verkehrs-, Militär- und Sportfliegerei.

"Flyer III" war das erste brauchbare Motorflugzeug der Welt. Mit ihm konnte Wilbur Wright bei 60 km/h steigen, sinken und Kurven fliegen.

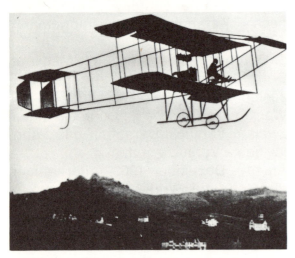

Der deutsche Flugpionier Ernst Heinkel bei einem Flug über Stuttgart mit seinem selbstgebauten „Farman"-Doppeldecker im Juli 1911

Erster deutscher Luftpostflug am 10. Juni 1912 von Frankfurt nach Darmstadt mit dem Euler-Doppeldecker „Gelber Hund"

Wie entwickelte sich die frühe Fliegerei?

Die Gebrüder Wright arbeiteten weiter an den Plänen für ein Motorflugzeug. 1908 entwickelten sie für die US-Armee ein Militärflugzeug, und 1909 zeigten sie, daß ein Flugzeug auch einen zweiten Mann tragen konnte. Die Maschine hatte eine Geschwindigkeit von 60 km/h.

Nun begannen auch andere Ingenieure in Europa und Amerika Flugzeuge zu bauen. Der Franzose Louis Blériot, der die ersten wirklich flugtüchtigen Eindecker baute, flog 1909 über den Ärmelkanal. Im gleichen Jahr gab es in Reims (Frankreich) die erste internationale Flugveranstaltung; 38 Flugzeuge nahmen daran teil. Bei diesem Wettbewerb erreichte der amerikanische Flugzeugkonstrukteur Glenn H. Curtiss eine Geschwindigkeit von 66,6 Stundenkilometern. Hubert Latham, ein Engländer, stellte mit 155 Metern einen Höhenrekord auf, während der Franzose Henri Farman mit 3 Stunden 5 Minuten den Dauerrekord brach. Die längste Flugstrecke dieser Veranstaltung betrug 190 km.

In Deutschland baute der Ingenieur Hans Grade als erster einen Eindecker, mit dem er im Herbst 1908 in Magdeburg flog. August Euler (Frankfurt) und Karl Jatho (Hannover) waren andere deutsche Pioniere der frühen Fliegerei. Im Jahr 1910 führte Eugene Ely, ein amerikanischer Pilot, einen Flug vor, der schließlich dazu führte, Flugzeugträger zu bauen. Ely startete vom US-Schiff „Birmingham" und landete auf dem US-Schlachtschiff „Pennsylvania". Der Ausbruch des Ersten Weltkriegs beschleunigte die Entwicklung der Fliegerei. Das Interesse galt zwar in erster Linie dem Vorhaben, die Flugzeuge für militärische Zwecke geeigneter zu machen, führte aber zu vielen Verbesserungen, die auch dem allgemeinen Flugwesen zugute kamen. Viele ehemalige Kriegsflieger wandten sich der Zivilluftfahrt zu. Manche erwarben ausgediente Militärflugzeuge und verdienten sich ihren Lebensunterhalt, indem sie Flugkünste vorführten oder Rundflüge zu Stadtbesichtigungen aus der Vogelperspektive anboten. Auch diese sogenannten „Luftzigeuner" halfen dabei, die Fliegerei voranzubringen.

Am 6. Juni 1933 überquerte erstmals ein Dornier-Wasserflugzeug Do 8 „Wal" den Südatlantik. Zum Auftanken wurde es vom Stützpunktschiff „Westfalen" auf halbem Weg über ein Schleppsegel am Heck aufgenommen und nach dem Auftanken mit einem Katapult zum Weiterflug gestartet.

Im Mai 1919 machte die Curtiss NC-4 Fluggeschichte:

Wann wurde der Atlantik zum erstenmal überflogen?

mit ihr wurde zum erstenmal der Atlantik überquert. Drei Aufklärungsflugboote der amerikanischen Marine, die nur auf dem Wasser starten und wassern konnten, flogen von Long Island (New York) ab. Jede Maschine hatte fünf Besatzungsmitglieder: zwei Piloten, einen Funker, zwei Ingenieure. 50 Zerstörer lagen auf dem Atlantik; sie dienten den Flugzeugen als Wegweiser und sollten notfalls Hilfe leisten. Nur eine der drei Curtiss-Maschinen vollendete den Flug nach Plymouth in England über eine Entfernung von 6300 km. Die reine Flugzeit betrug 52½ Stunden; dazu kam die

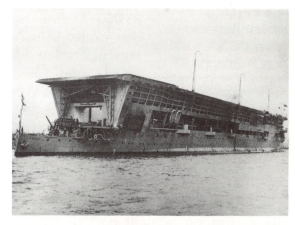

USS „Langley", einer der ersten Flugzeugträger der Welt. Auf seinem langen Oberdeck konnten schon damals Landflugzeuge starten und landen.

Die „Forrestal" ist ein Flugzeugträger der US-Marine mit 3500 Mann Besatzung. Dieses Schiff trägt Atombomber, Überschalljäger, Not- und Fernaufklärer, U-Boot-Jäger und Transporthubschrauber.

17

Zeit für sieben Zwischenwasserungen zum Auftanken und für notwendige Reparaturen.

1924 schickte die US-Armee Douglas-Doppeldecker auf einen Flug um die Erde. Vier Flugzeuge starteten am 6. April in Seattle (Washington). Nur zwei, die „Chicago" und die „New Orleans", kehrten am 28. September zurück. Sie hatten 28 Länder überflogen, 42 500 km zurückgelegt und zum erstenmal den Pazifischen Ozean überflogen. Die reine Flugzeit hatte 15½ Tage betragen.

Im Mai 1927 überquerte der amerikanische Postflieger Charles Lindbergh im Alleinflug den Atlantik von West nach Ost. Unser Foto zeigt ihn nach dem Start.

Wer schaffte den ersten Alleinflug von den USA nach Europa?

Im Jahre 1919 hatte ein New Yorker Hotelbesitzer einen Preis von 25 000 Dollar für den ersten Alleinflug über den Atlantik von New York nach Paris ausgesetzt. Viele versuchten ihr Glück und scheiterten. Jahre vergingen. Schließlich war es Charles Lindbergh, ein früherer Postpilot und Schauflieger, der sich um den Preis bewarb. Lindbergh, dem einige Geschäftsleute aus St. Louis das Geld zur Verfügung gestellt hatten, ließ für 10 580 Dollar einen Spezial-Eindecker mit einem leichten und starken Motor bauen. Man arbeitete täglich 18 Stunden und baute auf diese Weise das Flugzeug in 60 Tagen. Lindbergh brachte sein Flugzeug „Spirit of St. Louis" (Geist von St. Louis) zum Roosevelt-Flugplatz auf Long Island, wo er am 20. Mai 1927 um 7.52 Uhr trotz Nebel und Nieselregen startete. Er hatte keinen Fallschirm, verzichtete auch auf ein Funkgerät, wie es sie damals schon gab, und auf alle „überflüssigen" Ausrüstungsgegenstände und Karten, um das Flugzeug so leicht wie möglich zu machen. Allein, ohne jede Funkverbindung, bahnte sich Lindbergh durch Regen, Hagelschauer, Nebel und heftige Winde seinen Weg über den Atlantik; er flog über Irland und England und dann über Frankreich. Er umkreiste den Eiffelturm und landete auf dem Pariser Flughafen von Le Bourget am 21. Mai um 22.22 Uhr. Er war in 33½ Stunden 6000 km geflogen.

Eine große begeisterte Menschenmenge empfing den „einsamen Adler", wie Lindbergh genannt wurde. Er wurde stürmisch gefeiert.

Ein Jahr später überquerten die Deutschen Köhl und von Hünefeld und der Ire Fitzmaurice den Atlantik zum erstenmal in der weitaus schwierigeren Ost-West-Richtung (der Wind bläst dort meist aus westlichen Richtungen).

Die Junkers F 13 (vier Passagiere) war das erste Ganzmetall-Verkehrsflugzeug der Welt. Zum Start auf Eis und Schnee wurde es mit Kufen versehen.

Ein Jahr später gelang den deutschen Fliegern Köhl, von Hünefeld und dem Iren Fitzmaurice die erste Atlantik-Überquerung von Ost nach West. Ihre Maschine war eine einmotorige Junkers W 33.

Das deutsche Flugboot Dornier DO X aus dem Jahr 1929 war 48 m breit, 40 m lang und trug 70 Passagiere. Seine zwölf Motoren zu 650 PS machten den Riesen 216 km/h schnell.

In den zwanziger Jahren wurden die ersten Luftverkehrsgesellschaften gegründet, die einen fahrplanmäßigen Linienverkehr aufnahmen.

Was war das erste richtige Passagierflugzeug?

Das erste „richtige" Passagierflugzeug der Welt war die deutsche „Junkers F 13", die schon 1919 mit sechs Personen an Bord ihren Erstflug machte. Es war das erste Flugzeug, dessen Passagiersitze mit Gurten versehen waren und in dem die Fahrgäste in einer geschlossenen Kabine saßen, so daß sie keine Sonderbekleidung wie Schutzbrille, Pelze usw. mehr brauchten. Die F 13 war das erste Metall-Verkehrsflugzeug der Welt. Mit Schwimmern versehen, konnte die Maschine auch als Wasserflugzeug eingesetzt werden.

In den dreißiger Jahren entwickelte sich die Verkehrsfliegerei mit Riesenschritten. Immer größere, schnellere, leistungsfähigere Maschinen wurden gebaut. Man begnügte sich bald nicht mehr mit einem Motor, sondern baute Flugzeuge mit zwei, drei und noch mehr Motoren. Wenn sich ein neuer Typ gut bewährte, konnten die Flugzeugfabriken viele Exemplare von ihm bauen und in viele Länder verkaufen. Jede Großstadt hatte nun ihren Flughafen, auf dem Fluggesellschaften für

Die Junkers Ju 52, Baujahr 1932, hatte drei Sternmotoren mit je 760 PS. In 3000 m Höhe flog sie mit 17 Passagieren 255 km/h.

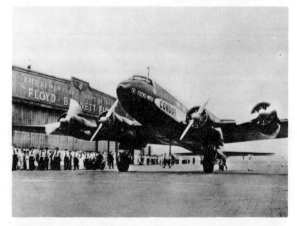

Mit 430 km/h war die Focke-Wulf „Condor", Baujahr 1938, die schnellste Verkehrsmaschine ihrer Zeit. Mit 2520 PS beförderte sie 26 Passagiere.

einen Linienverkehr sorgten. (Linienverkehr heißt, daß bestimmte Strecken – oder Linien – regelmäßig zu bestimmten Zeiten geflogen werden.) Aber nicht jedes Land konnte eigene Flugzeuge bauen. Die Planung und der Bau eines neuen Flugzeugtyps setzt eine hochentwickelte Industrie voraus und verschlingt außerdem ungeheure Summen. Die Flugverkehrsgesellschaften wählen unter den angebotenen Typen aus, was für ihr Flugprogramm – für längere oder kürzere Strecken, für Personen- oder Frachtbeförderung – am besten geeignet erscheint. Manchmal wird von ihnen auch ein gewünschter Typ bei einer Flugzeugfabrik in Auftrag gegeben. Manche Flugzeugtypen sind berühmt geworden. (Einige von ihnen sind auf den Vorseiten abgebildet.)

Die Douglas DC 3 (2400 PS, 300 km/h, 32 Passagiere) wurde seit 1936 etwa 13 000mal gebaut und ist das erfolgreichste Verkehrsflugzeug der Welt. Wie auch die Ju 52 fliegt sie noch heute.

Lockheed L 1049 G Super Constellation, Baujahr 1951. Vier Doppelsternmotoren mit je 3250 PS, bis 94 Passagiere, Höchstgeschwindigkeit 530 km/h in 6000 Höhe, Reichweite 7400 km.

Seit wann gibt es Druckkabinen?

Ende der dreißiger Jahre hatten die Passagierflugzeuge bereits Druckausgleichs- und Klimaanlagen. So konnte man sich in große Höhen wagen, ohne daß die Passagiere Atembeschwerden bekamen oder froren.
Der Ausbruch des Zweiten Weltkriegs unterbrach die Entwicklung von Passagierflugzeugen. In Europa und bald auch in Amerika wurden die meisten Maschinen, mit oder ohne Umbauten, für Kriegszwecke verwendet. Die Flugzeugfabriken bauten Bomber, Aufklärer und Jagdflugzeuge.
Eines der letzten Passagierflugzeuge, das vor dem Krieg in den USA entwickelt, aber 1943 als Truppentransporter eingesetzt wurde, war die „Constellation". Sie konnte als erstes Flugzeug „nonstop", also ohne Zwischenlandung, die ganze Breite der USA überfliegen. 1951 wurde sie vergrößert und als „Super Constellation" in den Linienverkehr eingestellt.
Kurz nach dem Krieg erschien das amerikanische Langstreckenflugzeug Boeing B-377 „Stratocruiser". Auch in Europa wurden bald verbesserte Verkehrsflugzeuge gebaut, die in Technik und Leistung den amerikanischen Typen entsprachen.
In den sechziger Jahren wurden die Propellerflugzeuge mehr und mehr von den Düsenflugzeugen verdrängt. Heute sieht man Propellermaschinen nur noch auf kleinen Strecken, zum Beispiel für den Seebäderverkehr oder bei Stadtrundflügen; neu gebaut werden sie fast nur noch als Privatflugzeuge.

Apollo 17-Astronaut Ronald Evans wird am 21. Dezember 1972 nach der Rückkehr vom Mond von einem Rettungshubschrauber der US-Marine aus dem Pazifik geborgen. Auf dem Floß an der Kapsel Astronaut Eugene Cernan (in weißer Bluse) und ein Froschmann. Astronaut Jack Schmitt ist schon an Bord des Hubschraubers. Im Hintergrund der US-Flugzeugträger „Ticanderoga". Das Unternehmen „Apollo 17" war die sechste und vorläufig letzte bemannte Mondlandung der USA.

Fliegen – vorwärts und rückwärts

Das Genie des 15. Jahrhunderts, Leonardo da Vinci, zeichnete nicht nur einen brauchbaren Fallschirm und ein Schwingenflugzeug; er entwarf auch eine andere eigenartige Flugmaschine. Auf seiner Zeichnung befindet sich oberhalb des Flugkörpers ein großer, schraubenförmiger Propeller, der sich mit Hilfe einer Uhrfeder als Antrieb in die Luft schrauben und den Flugkörper aufsteigen lassen sollte. Er hat diese kleine Flugmaschine jedoch wahrscheinlich nie gebaut.

Mit dieser Idee hatte der geniale Leonardo theoretisch bereits eine Erfindung des 20. Jahrhunderts vorweggenommen – den Hubschrauber.

Ein Hubschrauber kann nach jeder Richtung fliegen, nach oben, nach unten, vorwärts, rückwärts, seitwärts, und er kann auch in der Luft stillstehen.

Wer entwarf den ersten Hubschrauber?

So fliegen Hubschrauber

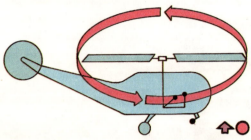

Zum Abheben werden alle Rotorblätter in den gleichen Anstellwinkel gebracht, sie rotieren genau waagerecht. Zum Auf-der-Stelle-Schweben wird die Umdrehungszahl der Rotoren verringert.

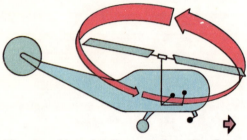

Für den Vorwärtsflug werden die Rotorblätter nach vorn gekippt. Sie vergrößern ihren Anstellwinkel zum Rumpfende und ziehen den Hubschrauber nach vorn.

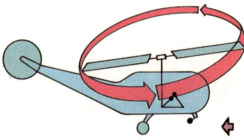

Beim Rückwärtsflug ist es genau umgekehrt: Die Rotorblätter werden nach hinten gekippt, ihr Anstellwinkel zum Bug wird größer — der Apparat fliegt rückwärts.

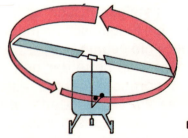

Für den Seitwärtsflug kippt der Pilot die Blätter in die Richtung, in die er fliegen will. Der kleine Rotor am Rumpfende steuert das Kurvenfliegen.

Hubschrauber-Entwurf des Leonardo da Vinci

Er kann im Langsamflug nur wenige Zentimeter über den Erdboden oder über Wasser „kriechen"; er kann aber auch einige tausend Meter hoch in die Luft steigen und mit 400 km/h Geschwindigkeit fliegen.

Nach vielen, zum Teil erfolgreichen Versuchen mit den verschiedensten Modellen im 18. und 19. Jahrhundert baute der Franzose Louis Bréguet im Jahr 1907 den ersten Hubschrauber in normaler, das heißt, für einen bemannten Flug ausreichender Größe. Er erhob sich nur für zwei Minuten anderthalb Meter vom Boden, konnte auch nicht gesteuert werden und wurde von vier Männern im Gleichgewicht gehalten. Den ersten brauchbaren Hubschrauber bauten erst 1936 Focke und Achgelis in Bremen. Ihre FW 61 mit zwei Rotoren stieg auf 400 m Höhe. 1938 schaffte eine FW 61 mit 230 km einen Langstreckenrekord und bald darauf mit 8000 m Höhe auch den Höhenrekord. Wenig später gelang es in den USA auch dem Russen Sikorski, nach jahrelangen Versuchen den ersten Hubschrauber mit nur einem Rotor zu bauen.

Die Rotorblätter über dem Hubschrauber wirken gleichzeitig als Propeller und Tragflächen. Sie geben dem Flugzeug Auf- und Vortrieb. Die

Warum können Hubschrauber auf der Stelle schweben?

Rotorblätter sind an einer senkrechten drehbaren Achse über dem Rumpf angebracht. Der Pilot kann sowohl den Anstellwinkel (Neigung der Rotorblätter zur Flugrichtung) verstellen wie auch die Umlaufebene der Blätter kippen (siehe Zeichnung auf Seite 22). Will er starten, vergrößert er den Anstellwinkel der Blätter — der Hubschrauber steigt senkrecht auf. Verringert der Pilot den Anstellwinkel im Flug, so verringert sich auch der Auftrieb — die Maschine sinkt. Zum Vorwärtsflug wird die Achse, um die die Blätter rotieren, nach vorn gekippt; dabei entsteht je nach Stärke der Achsneigung mehr oder weniger Vortrieb. Ein kleiner Rotor am Heck verhindert, daß der Hubschrauber sich im Kreis dreht.

Hubschrauber werden heute für viele Zwecke benutzt. Pflanzenschutzmittel werden damit über Felder gesprüht, Waldbrände bekämpft, Post befördert, Autostraßen überwacht; verunglückte Menschen in Berg- oder Seenot werden damit gerettet. Und viele Millionen Fernsehzuschauer sahen die Hubschrauber, welche die Mondfahrer nach ihrer Wasserung im Pazifik aus den Apollo-Kapseln aufnahmen.

Für Hubschrauber gibt es in Frieden und Krieg vielfältige Einsatzmöglichkeiten. Das Foto zeigt einen Bell-Hubschrauber der Bundesluftwaffe.

Die Theorie des Fliegens

Warum kann ein Flugzeug fliegen?

Im 18. Jahrhundert entdeckte der Schweizer Gelehrte Daniel Bernoulli, daß in einer strömenden Flüssigkeit der Druck dort am niedrigsten ist, wo die Geschwindigkeit am größten ist. Das gilt nicht nur für Flüssigkeiten, sondern auch für die Luft und alle anderen Gase. Das brachte Flugzeugbauer auf eine Idee: Wenn man die Geschwindigkeit der Luft oberhalb einer Tragfläche steigern kann, muß der Druck sich dort vermindern, und die Tragfläche wird von der unteren Luft nach oben gedrückt.

Man baute also Tragflächen mit gekrümmter Ober- und gerader Unterseite. Da die Luft über der Oberseite eine größere Strecke zurückzulegen hat, muß sie sich mit größerer Geschwindigkeit bewegen. Die Folge: Der Druck über dem Flügel ist geringer als unter ihm. Der Unterschied zwischen dem Luftdruck an der Oberseite und dem an der Unterseite bewirkt den Auftrieb, der Flügel wird dadurch nach oben gehoben.

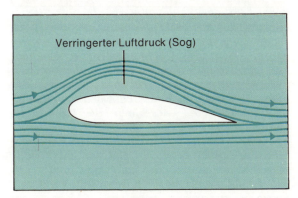

Ein Flugzeug „hängt" an dem Sog, der durch Unterdruck über den Tragflächen entsteht.

Das kann aber nur funktionieren, wenn sich das Flugzeug rasch durch die Luft bewegt. Dafür sorgt bei den Propellerflugzeugen der „Quirl", wie die Luftschraube in der Fliegersprache heißt. Er überwindet den Luftwiderstand und zieht das Flugzeug vorwärts. Die Vorwärtsbewegung durch den Propeller wird Vortrieb genannt. Bei Düsenflugzeugen wird der Vortrieb von den ausströmenden Verbrennungsgasen erzeugt. Diesen Vortrieb nennt man Schub.

Wodurch steigt und sinkt ein Flugzeug?

Wie jeder andere sich bewegende Körper bewegt sich auch das Flugzeug in gerader Linie weiter, solange nicht eine Kraft auftritt, die seine Richtung ändert. Erhöht es seine Geschwindigkeit, wird die Auftriebskraft stärker, und das Flugzeug steigt. Die Geschwindigkeit, mit der der Motor den Propeller dreht, wird durch den Gashebel reguliert.
Ebenso wichtig für den Steigflug ist das Höhenruder, mit dem die Auf- und Abwärtsbewegung des Flugzeugs gesteuert wird. Es besteht aus zwei Flächen, die am Höhenleitwerk — am Rumpfende des Flugzeugs — angebracht sind und bewegt werden können. Wenn der Pilot den Steuerknüppel zu sich zieht, klappen die Flächen nach oben. Die Luft, die auf die hochgestellten Flächen trifft, drückt den Schwanz nach unten, die Tragflächen stellen sich schräg nach oben. Bewegt der Pilot den Steuerknüppel nach vorn, neigen sich die Ruderflächen nach unten; der Schwanz wird von der strömenden Luft hochgedrückt, die Nase geht nach unten.

Wie geht ein Flugzeug in die Kurve?

Zwei Teile am Flugzeug steuern die Kurven nach rechts und links: das Seitenruder und das Querruder. Das Seitenruder, eine senkrechte Fläche, ist beweglich am Schwanzende des Flugzeugs angebracht. Es wendet den Schwanz des Flugzeugs nach rechts oder links, in gleicher Weise, wie das Höhenruder das Schwanzende nach oben oder unten bringt. Am Boden kann das Seitenruder dabei helfen, ein leichtes Flugzeug zu lenken; größere Maschinen haben ein steuerbares Bugrad. In der Luft benutzt der Pilot das

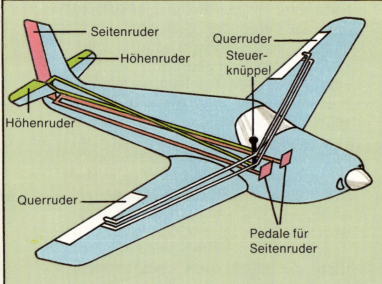

Bedienungsinstrumente

Die wichtigsten Instrumente des Piloten sind zwei Pedale für das Seitenleitwerk und der Steuerknüppel für das Höhenleitwerk und die Querruder. Zieht der Pilot den Steuerknüppel an sich heran, klappt das Höhenruder nach oben, das Flugzeug steigt. Drückt er den Knüppel von sich fort, klappt das Höhenruder nach unten, das Flugzeug sinkt. Drückt der Pilot den Steuerknüppel (bei größeren Maschinen die Steuersäule) nach links, schwenkt das linke Querruder herauf und das rechte herunter, das Flugzeug neigt sich sanft nach links. Tritt der Pilot das linke Pedal, schwenkt das Seitenruder nach links — der Luftwiderstand drückt das Flugzeug in eine Linkskurve.

Zwei Experimente zur Technik des Fliegens

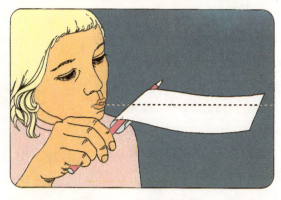

So kann man den Auftrieb zeigen, den der Bernoulli-Effekt erzeugt: Man bläst über ein schmales Stück Papier, das man über einen runden Bleistift gerollt hat. Der Unterdruck über dem Streifen hebt das Papier, weil die Luft über dem nach oben gewölbten Streifen schneller ist und Auftrieb erzeugt.

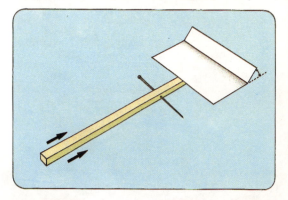

Um zu zeigen, wie das Höhensteuer arbeitet, klebt man eine Postkarte, die man an der Längsseite um 45 Grad geknickt hat, auf eine Holzleiste. Durch den Leistenmittelpunkt bohrt man eine Nadel. Hält man die Leiste an der Nadel fest und bläst gegen die Karte, bewegt sich das Leistenende nach oben.

Seitenruder, wenn das Flugzeug eine Kurve fliegen soll.

Die Querruder sind lange, schmale Klappen, je eine an den Hinterkanten der Tragflächen, nahe den Flügelspitzen. Sie sind ebenfalls beweglich und so miteinander verbunden, daß ein Querruder nach unten geht, wenn das andere hochgestellt wird. Dadurch steigt ein Flügel, während der andere sich senkt.

Wird das Querruder des rechten Flügels gesenkt, geht dieser Flügel in die Höhe; das Flugzeug wird nach links gekippt und in die Querlage gebracht. Zusammen mit dem Seitenruder verursacht dieser Vorgang eine Linkskurve. Ähnlich wie ein Auto in einer überhöhten Kurve fliegt ein Flugzeug also seine Kurven in mehr oder weniger leichte Querlage und wandert dabei nicht aus der Kurve aus.

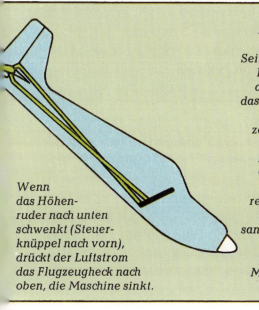

Wenn das Höhenruder nach unten schwenkt (Steuerknüppel nach vorn), drückt der Luftstrom das Flugzeugheck nach oben, die Maschine sinkt.

Rechts: Wenn der Pilot das linke Pedal tritt, schwenkt das Seitensteuer nach links. Der Luftstrom drückt das Heck nach rechts, das Flugzeug fliegt eine Linkskurve. Gleichzeitig drückt der Pilot den Steuerknüppel nach links; das linke Querruder schwenkt nach oben, das rechte nach unten, das Flugzeug neigt sich sanft auf die linke Tragfläche. Ohne diese Neigung würde die Maschine nach rechts auswandern.

Querruder nach unten, Tragfläche hebt sich

Seitenruder nach links, Heck schwenkt nach links

Querruder nach oben, Tragfläche senkt sich

25

Aus Platzmangel ist die Landepiste des Flughafens von Hongkong in den Hafen hineingebaut. Um dort zu landen, muß die Maschine — auf unserem Foto eine DC 10 — tief über dem Häusermeer einschweben. Die Landung in Hongkong gehört zu den schwierigsten Manövern der Verkehrsfliegerei.

Luftstraßen am Himmel

Was sind Luftstraßen?

Es gibt Tausende von Flugplätzen der verschiedensten Art auf der ganzen Erde, von primitiven Pisten in abgelegenen Gegenden bis zu den riesigen Flughäfen der Weltstädte. Damit man weiß, welche Flugzeugtypen anfliegen können, werden die Flugplätze nach der Länge ihrer Startbahnen (und nach ihrer Tragfähigkeit) eingeteilt. Ein „Flugplatz" mit Startbahnen von 450 bis 700 m gilt als Privatflugplatz und kann nicht von Linienmaschinen benutzt werden. „Flughäfen" für Verkehrsflugzeuge müssen Startbahnen von mindestens 1800 m Länge haben; für die großen Düsenmaschinen von heute sind aber aus Sicherheitsgründen Betonpisten von 3000 und mehr Metern erforderlich. Im Luftraum zwischen den einzelnen Flughäfen gibt es regelrechte „Luftstraßen" am Himmel, die von den Flugzeugen benutzt werden müssen. Wegen der großen Zahl von Flugzeugen muß es Regeln für diese Luftstraßen geben, genauso wie es Verkehrsregeln für die Autos auf den Straßen gibt. Von Start und Landung abgesehen, müssen Flugzeuge wenigstens 150 m über dem Erdboden fliegen. Über Städten und anderen dicht besiedelten Gebieten haben die Flugzeuge immer eine Mindesthöhe von 300, oft von 600 m einzuhalten.

Der Kurs eines Flugzeuges wird von der Flugsicherungszentrale bestimmt, die den ganzen Luftverkehr eines bestimmten Gebietes überwacht. Auf größeren Flughäfen sitzen Angestellte vor Karten, Radarschirmen, Funksprechgeräten und Kontrolltafeln und verfolgen jedes Flugzeug, wie es seinen Weg am Himmel zieht.

Diese Luftstraßen wurden eingerichtet, als die Verkehrsfliegerei so zunahm, daß man Zusammenstöße befürchten mußte. Für bestimmte Flugrichtungen sind bestimmte Flughöhen vorgeschrieben, die man in Fuß angibt (1 Fuß = 30,48 cm). So werden alle Maschinen auf einer Luftstraße (die durch Farbe und Nummer bezeichnet ist, zum Beispiel „Gelb 9" für die Strecke von der Schweiz über Frankfurt und Hamburg nach Skandinavien) angewiesen, auf Süd-West-Kurs 20 000, 30 000 oder 40 000 Fuß hoch zu fliegen, während den Flugzeugen auf Nord-Ost-Kurs ungerade Höhen zugeteilt werden, also etwa 15 000, 25 000 oder 35 000 Fuß. Richtung und Gegenrichtung müssen jeweils mindestens 1000 Fuß Höhenabstand voneinander haben. Diese Regeln gelten auf der ganzen Welt.

Kann der Pilot nach Sicht fliegen?

An klaren, sonnigen Tagen können Flugzeuge nach Sicht fliegen, das heißt, der Pilot kann den Boden sehen und seine Route erkennen. Das gilt aber fast nur noch für kleinere Privatflugzeuge; bei den großen Maschinen macht der Pilot das nur in seltenen Ausnahmen. Selbst bei schönstem Wetter müssen Piloten von Verkehrsmaschinen die vorgesehenen Luftstraßen benutzen, die durch Funkfeuer markiert und in ihren Navigationskarten eingezeichnet sind. Funkfeuer sind Sender, die in bestimmter Folge optische, akustische oder elektromagnetische Signale (Kennung) ausstrahlen.

Bei ungünstigen Wetter- und Sichtverhältnissen muß auch ein Privatflugzeug nach den sogenannten Instrumentenflugregeln fliegen. Privatflieger, die nicht die nötige Navigationsausrüstung haben, dürfen bei schlechtem Wetter nicht aufsteigen. Die normale Mindestausrüstung eines Flugzeuges, das nach Instrumentenflugregeln fliegt, besteht aus einem Radiokompaß, zwei Dreh-

Sternförmig legen die Flugzeuge, die aus allen Himmelsrichtungen nach Frankfurt kommen, an den Fingerköpfen des Terminals an; auf unserem Foto (von links unten): zwei Jumbo Boeing 747, Boeing 707, DC 10, Boeing 747, Boeing 707, Boeing 737. An den beiden Fingerköpfen und zwei seitlichen Flugsteigen werden täglich 60 000 Passagiere von mehr als 60 internationalen Fluggesellschaften abgefertigt.

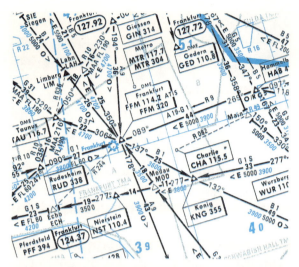

Wie Autobahnen ziehen sich kreuz und quer über Europa Flugstraßen hin, die auf Flugkarten (oben ein Ausschnitt) eingezeichnet sind.

funkfeuerempfängern, die auch Empfangsteile für Landekurs und Gleitweg enthalten, einem Einflugzeichenempfänger, einem Kreiselkompaß, einem Wetterradar und dazu zwei UKW-Sendeempfänger zur Bodenverständigung mit den Kontrolltürmen der Flughäfen und den Flugsicherungsleitstellen. Außerdem braucht es ein besonderes Radar-Antwortgerät, das mit dem Höhenmesser gekoppelt ist; damit antwortet das Flugzeug automatisch auf das Bodenüberwachungsradar des Flughafens.

Für die Sicherheit im Flugverkehr wird

Wann wird ein neues Verkehrsflugzeug zugelassen?

aber noch mehr getan. Wenn ein neuer Typ eines Verkehrsflugzeuges entwickelt und gebaut wurde, kann es nicht sofort den Liniendienst aufnehmen. Es dauert noch Wochen und Monate, in denen Sachverständige der Luftfahrtbehörde durch viele Tests die verschiedenen Flugeigenschaften der Maschine und die Funktionstüchtigkeit der Systeme prüfen. Erst wenn nach vielen Erprobungsflügen alle Tests zufriedenstellend ausgefallen sind, wird der neue Typ zugelassen. Bei der Zulassung wird auch untersucht, wieviel Lärm ein Flugzeug verursacht. Er wird nach Phon gemessen. Die Phonstärke darf einen bestimmten Wert nicht übersteigen, sonst erhält die neue Maschine für Flughäfen, die in dichtbesiedelten Gebieten liegen, keine Lande- und Starterlaubnis. Die Flugzeugindustrie bemüht sich, mit neuen technischen Erfindungen den Triebwerkslärm zu vermindern. Ebenso versucht man neuerdings, die Menge der schädlichen Abgase zu verringern. Mit erheblichen Kosten lassen einige Fluggesellschaften auch bei bereits eingesetzten Maschinen die Brennkammer der Triebwerke verbessern.

In der ganzen westlichen Welt ist die

Wie können die Piloten bei jedem Wetter fliegen?

Sprache der Fliegerei Englisch. In Englisch erfolgen über Funk die Anweisungen und Meldungen zwischen der Flugzeugbesatzung und den

Die Zeichnung zeigt Flugzeuge in drei verschiedenen Positionen beim Landeanflug; dazu die jeweilige Anzeige des ILS: Beim linken Flugzeug zeigt der lange Strich auf dem ILS, daß der Pilot mehr nach rechts, der Pfeil zeigt, daß er höher fliegen muß. Der rechte Pilot muß mehr nach links und tiefer fliegen, die mittlere Maschine befindet sich in der Einflugschneise.

Im Cockpit eines modernen Düsenflugzeugs — hier eine Boeing 727, mit Fish-Eye fotografiert — müssen Pilot, Kopilot und Flugingenieur über 200 Steuerungs- und Überwachungsinstrumente bedienen oder kontrollieren. Jedes einzelne ist für die Sicherheit der Maschine unerläßlich.

Bodenstellen. Auch die Navigationskarten und die vielen Instrumente, nach denen der Pilot sich richtet, haben nur englische Bezeichnungen.

Im Cockpit, der Pilotenkanzel, hat eine moderne große Verkehrsmaschine etwa einhundert verschiedene Instrumente und Kontrollgeräte. Mit Hilfe des Instrumenten-Lande-Systems (ILS) kann der Pilot landen, selbst wenn er den Flughafen nicht sehen kann. Landekurs- und Gleitwegempfänger empfangen die Bodensignale der Flughafenanlagen und verwandeln sie in eine Anzeige auf dem Instrumentenbrett; so kann der Pilot durch Nebel, Regen und Dunkelheit „sehen". Der Einflugzeichenempfänger gibt ihm an, wie weit er von der Landebahnschwelle entfernt ist. Er weiß, das äußere Einflugzeichen-Funkfeuer ist etwa 7,5 km, das innere etwa 1 km von der Landebahn entfernt. Auch Radargeräte unterstützen den Piloten beim Flug durch Schlechtwetter und bei der Landung. Größere Flughäfen verwenden ein Gerät ASR (Air Surveillance Radar), mit dem man die Position des Flugzeugs am Himmel innerhalb eines Umkreises von 100 km genau feststellen kann. Mit Hilfe eines Präzisionsradars PAR (Precision Approach Radar) kann das Flugzeug sicher zur Landung geführt werden; es wird „heruntergesprochen". Mit dem neuesten Blindlandesystem, das von einigen Luftverkehrsgesellschaften bereits verwendet wird, kann ein Flugzeug automatisch ganz ohne Hilfe der Besatzung landen, wenn auch der Flughafen entsprechende Geräte hat.

Wie bereitet der Flugkapitän seinen Flug vor?

Vor jedem Flug geht der Flugkapitän oder sein Kopilot in die Flugsicherungsberatungsstelle, die in jedem Flughafen ein Büro hat. Dort meldet er den Flug an; in der Pilotensprache heißt das: den Flugplan machen. Er bekommt dort wichtige Hinweise auf die Streckenverhältnisse, ob neue Hindernisse errichtet wurden (Sendemasten, Fabrikschornsteine usw.), ob ein Funkfeuer ausgefallen ist oder ob die Sendefrequenz eines Funkfeuers geändert wurde oder ob auf dem anzufliegenden Flughafen Beschränkungen vorliegen und ähnliches. Beim Wetterdienst wird er über das sogenannte „aktuelle" Wetter informiert, das im Augenblick regional und auf seiner Flugstrecke herrscht. Dann meldet er sich bei der Luftaufsicht, einer Art Luftpolizei, die jeden Start und jede Landung überwacht. Dort wird auch über die Start- und Landegebühren entschieden. Spätestens eine halbe Stunde, nachdem er dies alles erledigt hat, muß das Flugzeug gestartet sein, andernfalls muß er den Flug neu anmelden. Ist die Besatzung an Bord und die Zeit des Starts rückt heran, wird über Funk der Kontrollturm angerufen und die Erlaubnis eingeholt, die Triebwerke anzulassen. Nach Anweisung vom Kontrollturm rollt die Maschine über die Rollbahn (in der Fliegersprache „Taxiway") zur Startposition auf die richtige Startbahn. Vom Kontrollturm wird der Start über Funk freigegeben.

Landung auf Rhein-Main (Frankfurt): Eine Boeing 707 kurz vor dem Aufsetzen. Im Vordergrund ein Teil der Anflugbefeuerung, dahinter die Antenne eines ILS-Landekurssenders.

Auch dieses Foto vom Flughafen Hongkong bei Nacht zeigt die Schwierigkeit, dort zu landen. Selbst erfahrene Flugkapitäne müssen einen Spezialkurs absolvieren, bevor sie mit Verkehrsmaschinen auf dieser Piste über dem Wasser niedergehen dürfen.

In 12 000 m Höhe klinkt der achtstrahlige US-Fernbomber B 52 im Oktober 1967 das unter der linken Tragfläche befestigte Raketenflugzeug X 15 aus, das nun aus eigener Kraft auf 31 000 m steigt. Dort fliegt die Maschine 7250 km/h — Weltrekord!

Schneller als der Schall

Wie fliegt ein Düsenflugzeug?

Wenn man eine Stahlfeder zusammenpreßt und sie dann losläßt, springt sie in ihre ursprüngliche Form zurück. Die Luft verhält sich ähnlich: Wenn man sie zusammendrückt, versucht sie zu entweichen und möglichst schnell wieder ihre ursprüngliche Ausdehnung einzunehmen. Wird die Luft erhitzt, dehnt sie sich aus und versucht ebenfalls zu entweichen. Das Zusammenpressen und Erhitzen von Luft gibt der Düsenmaschine ihre Kraft.

Wenn man einen Ballon aufbläst und ihn dann unverschlossen losläßt, entweicht die Luft aus seinem Innern. Da sie hinten austritt, fliegt der Ballon nach vorn. Dieser Versuch zeigt ungefähr das Prinzip des Düsenantriebs; er ist ein Beispiel für Newtons drittes Bewegungsgesetz: „Zu einer Wirkung besteht immer eine entgegengesetzt gerichtete und gleich starke Gegenwirkung."

Bei einem Düsentriebwerk wird die Wirkung des Rückstoßes durch die rasche Verbrennung des Treibstoffs enorm gesteigert. Die heißen Gase, die dabei

31

Düsentriebwerke

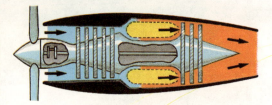

In einem Propeller-Turbinentriebwerk oder „Turboprop" erzeugen heiße Verbrennungsgase Schubkraft und treiben gleichzeitig den Propeller an. Der Luftstrom durchläuft den Kompressor und dann die Brennkammer in Richtung der Pfeile.

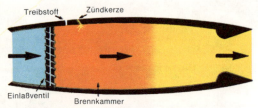

Das Staustrahlrohr ist das einfachste aller Düsen- oder Strahltriebwerke. Es hat keine beweglichen Teile. Wenn es sich mit großer Geschwindigkeit durch die Luft bewegt, wird die Luft am vorderen Ende gestaut. Das Flugzeug muß in Bewegung sein, ehe das Staustrahlgetriebe arbeiten kann. Daher muß ein Flugzeug mit solchem Triebwerk wie die X-15 von einem „Mutter"-Flugzeug wie der B-52 „abgeworfen" werden.

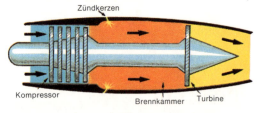

*Im Turbostrahltriebwerk wird die Luft durch den Lufteinlaß eingesogen. Der Kompressor, ein großer Ventilator, preßt die Luft zusammen und drückt sie durch die Brennkammer. Dort wird Treibstoff in die verdichtete Luft eingespritzt und entzündet. Die heißen Gase dehnen sich schnell aus und schießen mit ungeheurer Gewalt aus dem hinteren Ende der Maschine.
Am Triebwerkende passieren die heißen Gase einen Ring von Schaufeln, die Turbine. Die Schaufeln reagieren wie eine Windmühle; sie drehen die Turbinenwelle, auf der auch der Kompressor sitzt.
Einige Maschinen haben einen sogenannten Nachbrenner im Abgasrohr des Triebwerkes. Hier wird nochmals Treibstoff eingespritzt und verbrannt; dadurch wird ein zusätzlicher Schub erzeugt.*

entstehen, dehnen sich sehr schnell aus. Während sie mit großer Gewalt hinausschießen, geben sie dem Flugzeug ständig einen Stoß nach vorn.
Es gibt mehrere Typen von Düsenmaschinen, aber alle arbeiten nach dem gleichen Prinzip.

Wer baute den ersten Düsenantrieb?

Der Gedanke des Düsenantriebs ist schon vor langer Zeit aufgetaucht. Der griechische Mathematiker Heron, der um 130 v. Chr. in Alexandrien lebte, war vermutlich der erste, der eine Art Strahltriebwerk baute. Seine „Maschine" bestand aus einer

Vor rund 2000 Jahren baute Heron von Alexandrien diesen „Äolsball", das erste Turbinentriebwerk der Welt. Die aus den Rohren strömenden Dämpfe brachten den Ball in eine Drehbewegung.

hohlen Metallkugel, die sich um eine Mittelachse drehen konnte. Der Dampf im Innern der Kugel entwich durch kleine Öffnungen ins Freie und drehte dadurch die Kugel. Herons Apparat war nur eine wissenschaftliche Spielerei ohne technische Nutzanwendung.
Die ersten Pläne für ein Flugzeug mit einem Düsen- oder Strahltriebwerk (engl. = jet) entwickelte im Jahr 1865 der französische Ingenieur Charles de Louvrié. Der von ihm erdachte Eindecker wurde jedoch nie gebaut. Das glei-

1939 startete die deutsche Heinkel He 178. Sie war das erste Düsenflugzeug der Welt.

Messerschmitt Me 262, Baujahr 1942, das erste in Serie gebaute Düsenflugzeug. Sie flog 870 km/h.

ches Schicksal erlitt ein von den Engländern Butler und Edwards erdachtes Düsenflugzeug mit Dreieckflügeln. Niemand kam auf die Idee, solche Flugzeuge wirklich zu bauen, da man immer noch glaubte, daß ein Gegenstand, der schwerer als Luft ist, auf gar keinen Fall fliegen könne.

Der erste erfolgreiche Flug mit einer Düsenmaschine wurde am 27. August 1939 in Deutschland unternommen, als sich eine Heinkel He-178 in die Luft erhob.

Warum verwendet man „Turboprops"?

Ein „Turboprop" ist ein Düsentriebwerk, das mit einem Propeller versehen ist. Er vereinigt die Vorteile der Gasturbine mit denen des Propellers. Die Gasturbine ist leichter als ein Kolbenmotor und vibriert während des Fluges nicht; mit Hilfe des Propellers kann der Turboprop beim Starten und Landen mit kürzeren Strecken auskommen als ein nur strahlgetriebenes Flugzeug.

Ein Turboprop, ein Propellerturbinenflugzeug, kann jedoch nicht so schnell und so hoch fliegen wie eine Strahlturbine, die für große Geschwindigkeiten und große Höhen besonders geeignet ist. In mittleren Höhen aber sind Propellerturbinen wirtschaftlicher, das heißt, ihre Betriebskosten sind niedriger als die von Kolbenmotor- und reinen Düsenflugzeugen.

Was ist die Schallmauer?

Die Schallgeschwindigkeit beträgt in der Luft bei 0 Grad Celsius etwa 331 m in der Sekunde. Sie sinkt, wenn die Temperatur fällt, und wächst, wenn die Temperatur ansteigt. Bei 20 Grad Wärme beträgt die Schallgeschwindigkeit etwa 342 m in der Sekunde oder 1231,2 km in der Stunde. Der Schall bewegt sich in Wellen durch die Luft, ähnlich den Wellen, die in einem Teich entstehen, wenn man einen Stein hineinwirft.

Die Vickers V 814 „Viscount", Turboprop der 50er Jahre, 64 Passagiere, 540 km/h.

33

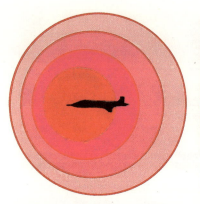 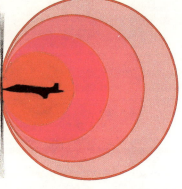 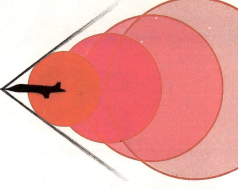

Unter Mach 1 fliegt ein Flugzeug innerhalb der Druckwellen, die von ihm ausgesandt werden. Da diese Wellen sich mit Schallgeschwindigkeit ausbreiten, fliegen sie vor dem Flugzeug her.

Wenn Mach 1 erreicht ist, sind Flugzeug und Druckwellen gleich schnell. Die Druckwellen verdichten sich zu einer Schockwelle, die senkrecht zur Flugrichtung steht.

Fliegt das Flugzeug schneller als Mach 1, überholt es die zur Schockwelle zusammengepreßten eigenen Druckwellen. Die Schockwelle wird am Boden als Überschallknall wahrgenommen.

Einer der Männer, die den Schall und die Schallwellen erforschten, war der österreichische Physiker Ernst Mach. Er fotografierte um 1870 durch die Luft fliegende Geschosse, um festzustellen, was mit einem Körper geschieht, wenn er sich mit großer Geschwindigkeit durch die Luft bewegt. Mach fand heraus, daß der sich schnell bewegende Körper Schockwellen hervorruft. Der Körper stößt gegen die Moleküle der Luft. Wenn ein Molekül gestoßen wird, stößt es andere Moleküle in seiner Umgebung an, die den Stoß wieder weitergeben. So entstehen die Stoß- oder Schockwellen.

Ein Flugzeug stößt während des Flugs ständig gegen die Luftmoleküle und ruft Schockwellen hervor. Nähert sich die Geschwindigkeit des Flugzeugs der Schallgeschwindigkeit, stauen sich die Schockwellen vor dem Flugzeug und bilden eine unsichtbare Mauer, eine Wand aus komprimierter Luft. Wenn die Geschwindigkeit des Flugzeugs die Schallgeschwindigkeit überschreitet, muß es diese Mauer durchbrechen. Das geschieht mit einem donnerähnlichen Knall, der so lange anhält, wie das Flugzeug mit Überschallgeschwindigkeit fliegt. Die Insassen des Flugzeugs merken nichts davon, aber die Schallwellen, die sich nach allen Richtungen durch die Luft ausbreiten, gelangen auch nach unten auf den Erdboden. So zieht das Überschallflugzeug eine Schallschleppe hinter sich her. Wenn es über uns hinwegfliegt, hören wir nur einen lauten Knall — würden wir uns in der gleichen Richtung und in gleicher Geschwindigkeit wie das Flugzeug bewegen, würden wir das donnernde Krachen ständig hören.

Die langsameren Flugzeuge wurden vom Luftwiderstand weniger beeinträchtigt. Als sie dann aber höher und schneller flogen, fanden die Piloten, daß Schwierigkeiten auftraten: die Flugzeuge schüttelten sich, die Piloten verloren die Gewalt über die Steuerung. Sie trafen auf die sich auftürmende Luft vor dem Flugzeug, auf die Schallmauer. Wissenschaftler und Flieger erforschten diese Wirkung auf die Flugzeuge und erkannten bald, was und warum es geschah.

Ernst Mach hat diesen Zustand als erster erforscht. Um ihn zu ehren,

Was ist 1 Mach?

nannte man die Fluggeschwindigkeit, die der Geschwindigkeit des Schalls entspricht, nach ihm.

Die „Machzahl" gibt also das Verhältnis der Fluggeschwindigkeit zur jeweiligen Geschwindigkeit des Schalls an. Da, wie wir wissen, die Schallgeschwindigkeit in Bodennähe etwa 342 m/sec = 1231,2 km/h beträgt, bedeutet eine Fluggeschwindigkeit von 1231,2 km/h genau 1 Mach. In einer Höhe von etwa 10 700 m, wo die Temperatur nur noch –45° C beträgt und der Schall sich mit nur 303 m/sec fortpflanzt, entspricht 1 Mach einer Fluggeschwindigkeit von 1090 km/h. Dementsprechend bedeutet Mach 2 die doppelte Schallgeschwindigkeit.

Was bewirkt die Schallmauer?

Die ersten Piloten, die die Wirkung der Schallmauer am eigenen Leib zu spüren bekamen, waren die Jagd- und Kampfflieger im Zweiten Weltkrieg, deren Maschinen im Geradeausflug bis zu 700 km/h flogen. Wenn diese Flugzeuge in den Sturzflug gingen, um zum Beispiel einem feindlichen Angriff auszuweichen, hatten sie das Gefühl, als wenn ihr Flugzeug gegen eine unsichtbare Mauer stieße (was es ja auch wirklich tat). Die Maschine begann zu vibrieren, rüttelte und war schwer unter Kontrolle zu halten. Einige Maschinen zerbrachen in der Luft, sie „montierten ab", wie es in der Fliegersprache heißt. Der Grund für diese Erschütterungen war, daß die Maschinen so schnell geflogen waren, daß die vor ihnen liegende Luft nicht mehr ausweichen konnte. Anstatt am Flugzeug vorbei zu strömen, wurde sie komprimiert, so daß Schockwellen entstanden. Damals fürchtete man, daß es unmöglich sein würde, diese unsichtbare Barriere zu überwinden.

Der Alpha-Jet der deutschen Luftwaffe ist ein leichter Jagdbomber, er wird zur Bekämpfung von Erdzielen, zur Aufklärung und zur Schulung eingesetzt. Unter den Tragflächen hat er außen je einen Tank und innen je eine Bombe. Geschwindigkeit 0,85 Mach.

Die „Phantom RF 4 E" der Bundesluftwaffe ist ein Allwetteraufklärer, ihre Besatzung besteht aus Pilot und Kampfbeobachter. Bewaffnung: keine, Geschwindigkeit 2,2 Mach. (In einer anderen Version wird sie als Jagdbomber eingesetzt.)

Die „Tornado" ist ein allwetterfähiges Mehrzweckkampfflugzeug. Sie führt Bomben, Raketen und zwei 27-mm-Kanonen mit. Die Tragflächen können an den Rumpf geschwenkt werden, damit sinkt der Luftwiderstand, und das Tempo steigt. Spitze 2,2 Mach. Im Tiefflug lenkt ein Elektronengehirn die Maschine automatisch über alle Bodenerhebungen hinweg. Die 70 Mill. DM teure „Tornado" soll um 1981 als Nachfolger des „Starfighter" in die Bundesluftwaffe eingeführt werden.

Wer durchbrach als erster die Schallmauer?

Versuche in Windkanälen zeigten jedoch, daß die Schallmauer nicht undurchdringlich ist. Ein stromlinienförmiger Rumpf und nach hinten gepfeilte Tragflächen verringerten die Erschütterungen, deltaförmige Flügel schufen noch günstigere Bedingungen. Und schließlich durchbrach am 14. 10. 1947 der US-Testpilot C. Yeager in einer raketengetriebenen Bell X 1 als erster Flieger der Welt im Geradeausflug die Schallmauer: 1630 km/h.

Aus der amerikanischen Jagdmaschine Sabre F 86, die mit stark gepfeilten Flügeln die Schallmauer nur in sanftem Gleitflug durchbrechen konnte, entwickelten die Ingenieure dann die Super Sabre F 100, die mit noch schlankerem Rumpf, noch gepfeilteren Tragflächen und noch stärkeren Triebwerken als erstes normales Kampfflugzeug der Welt Mach 1 im Geradeausflug erreichte.

Heute gibt es in Europa und den USA zahlreiche Kampfflugzeuge, die Mach 2 (2400 km/h) erreichen, der Lockheed-Aufklärer SR 71 fliegt sogar Mach 3. Den absoluten Geschwindigkeitsweltrekord hält zur Zeit das raketengetriebene Forschungsflugzeug North American X 15, das von einer Boeing 747 in 33 km Höhe getragen wurde. Dort klinkte es aus und erreichte eine Geschwindigkeit von 7250 km/h.

Was erschwert den Linienverkehr mit Überschall?

Der Wettbewerb in der zivilen Luftfahrt führte dazu, daß die Ingenieure begannen, auch Verkehrsflugzeuge zu entwickeln, die schneller als der Schall, ja, doppelt so schnell fliegen können. Sie verwerteten dabei Erfahrungen, die man mit den militärischen Überschallflugzeugen sammeln konnte. In Europa wurden zwei Muster gebaut, die sich sehr ähneln: in Rußland die Tupolew TU 144 und als Gemeinschaftswerk der Franzosen und Engländer die „Concorde". Die TU 144 startete zu ihrem Jungfernflug am 31. Dezember 1968, die „Concorde" folgte am 2. März 1969 in Toulouse. Sie kann eine Geschwindigkeit von 2385 km/h erreichen, also in weniger als drei Stunden von Europa nach Amerika fliegen.

Der Einsatz dieser SST-(Supersonic Transport)Flugzeuge war anfangs von vielen Zweifeln und Fragen begleitet; die US-Firma Boeing, die eine dritte SST-Maschine auf dem Reißbrett hatte, stellte ihren Bau sogar auf unbestimmte Zeit zurück. Denn dem Einsatz dieser Maschinen standen drei Hindernisse im Weg:

Die „Red Arrows" (Rote Pfeile), eine Kunstflugstaffel der britischen Royal Air Force.

Die „Concorde" fliegt mit 144 Passagieren etwa 2 Mach. Bei Start und Landung klappt sie die Nase herunter. Die sowjetische TU 144 wurde wegen zu hoher Kosten vorübergehend aus dem Verkehr gezogen.

1. der hohe Anschaffungspreis (eine „Concorde" kostet 150 Millionen Dollar);
2. die begrenzte Zahl an Passagieren (die „Concorde" kann nur 128 Fluggäste mitnehmen, der Jumbo-Jet 480);
3. wegen des Überschallknalls haben viele Industrieländer (USA, Japan, England, die Benelux-Staaten, Bundesrepublik Deutschland) verboten, ihr Gebiet zu überfliegen.

Heute fliegen zwei große Fluggesellschaften, die Air France und die British Airways, mit der „Concorde" nach Nord- und Südamerika sowie nach Mittelost. Die Sowjetunion setzt ihre TU 144 für die riesigen Entfernungen im asiatischen Raum ein.

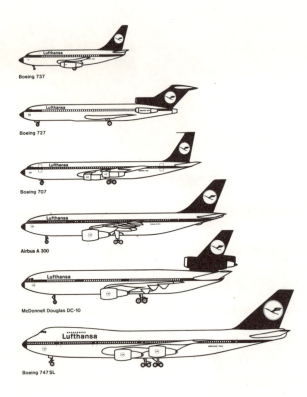

Die Flugzeugtypen der Lufthansaflotte

Warum fliegen Flugzeuge im Jetstrom?

Als die Flugzeuge in immer größeren Höhen flogen, entdeckten Meteorologen und Piloten schnelle Luftströmungen in Höhen zwischen 8000 und 12 000 m über der Erde. Diese Luftströme fließen im allgemeinen in westöstlicher Richtung und erreichen Geschwindigkeiten von 500 km in der Stunde. Da die Düsenflugzeuge, die Jets, als erste in solchen Höhen flogen, wurden die Luftströmungen als „Jetströme" bekannt.

Ein Flugzeug, das in der gleichen Richtung wie der Jetstrom fliegt, wird von dem Wind ähnlich vorangetrieben wie ein Mensch, der an einem sehr windigen Tag mit dem Wind marschiert. Ein Flugzeug, das 950 km in der Stunde

Schnittzeichnung der Boeing 747 SL, des größten Verkehrsflugzeuges der Welt. Die 152 Mill. DM teure Maschine wiegt beim Start mit voller Ladung 363 t und fliegt 932 km/h. Kraftstoffverbrauch pro Flugstunde 15 100 l Kerosin. Sie ist 70 m lang, 59 m breit und 19 m hoch. Reichweite 10 000 km, 249 Passagiere.

fliegt, schafft im etwa 400 km/h schnellen Jetstrom eine Geschwindigkeit von 1100 km/h und mehr über der Erde. Der Jetstrom hilft Treibstoff sparen und verkürzt die Flugzeit; der Flug von London nach New York dauert daher etwa eine Stunde länger als der Flug von New York nach London. Da das Flugzeug aber nur etwa 700 km/h schneller als der Jetstrom ist, tritt der Überschallknall nicht auf.

Je schneller ein Flugzeug fliegt, desto

Was ist ein Senkrechtstarter?

schneller muß es starten und landen und desto länger müssen die Pisten (Start- und Landebahnen) sein. Flugzeugkonstrukteure versuchen seit Jahren, ein Flugzeug zu entwickeln, das die Vorzüge des Hubschraubers — das senkrechte Starten und Landen — mit der Tragfähigkeit und Geschwindigkeit eines Düsenflugzeugs in sich vereinigt. Ein solcher Senkrechtstarter kann nach zwei Prinzipien gebaut werden: Der Schub der drehbar gelagerten Triebwerke wird für den Start und die Landung nach unten, für den Flug nach hinten gelenkt. Oder man verwendet zwei verschiedene Triebwerke; das hat den Nachteil, daß die Hubtriebwerke auf Kosten der Nutzlast immer mitgeschleppt werden müssen.

Etwa ein Dutzend Typen wurden bisher getestet. Zum vollen Einsatz kam bisher nur die militärische Hawker-Siddeley „Harrier" aus England.

Der deutsche Senkrechtstarter Do 31 wurde als Transportflugzeug entwickelt; sein Bau wurde jedoch wieder eingestellt. Die Entwicklung des Senkrechtstarters für den zivilen Verkehr hatte bisher noch keinen Erfolg, weil die Instandhaltung und der Betrieb solcher Flugzeuge zu teuer ist.

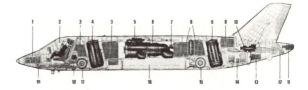

Schnitt durch den Senkrechtstarter VAK 191 B
1 Elektronikraum
2 Cockpit
3 Vordere Tankgruppe
4 Vorderes Hubtriebwerk
5 Hilfsantriebe
6 Hub-Schubtriebwerk
7 Schwenkdüsenantrieb
8 Hintere Tankgruppe
9 Hinteres Hubtriebwerk
10 Hilfsgasturbine
11 Bremsschirm
12 Nick-, Gierdüsen
13 Hydraulik
14 Elektronikraum
15 Hauptfahrwerk
16 Lastenraum
17 Bugfahrwerk
18 Klima- und Sauerstoffanlage
19 Nickdüsen

Vom deutschen Senkrechtstarter VAK 191 B wurden nur drei Prototypen gebaut, denen Experten hervorragende Flugeigenschaften bestätigten. Ein Auftrag für den Serienbau liegt bisher nicht vor. Die Maschine fliegt im Tiefflug dicht unter der Schallgrenze. Die Gase der Triebwerke können durch Umschalten der Ausströmrichtung so gelenkt werden, daß sie zum Senkrechtstart als Hub- oder zum Horizontalflug als Schub wirken.

So wird man Verkehrspilot

Nach bestandener Aufnahmeprüfung (Voraussetzung: Abitur) wird der Flugschüler in der Verkehrsfliegerschule Bremen der Lufthansa fünf Monate lang in Technik, Navigation, Luftrecht und Meteorologie unterrichtet. Dazu kommen zwölf Übungsstunden im Link-Trainer, einem nach seinem Erfinder benannten Übungsgerät, das aus einem dem Cockpit nachgebauten Raum mit Steuerung sowie Flug- und Triebwerksüberwachungsgeräten besteht. Anschließend geht es zehn Monate zur theoretischen und praktischen Flugausbildung nach Phoenix (Arizona/USA), mit 165 Flugstunden auf der einmotorigen Propellermaschine Beech „Bonanza" und 105 Flugstunden auf der zweimotorigen Beech „Baron". Nach etwa 60 Starts und Landungen mit Fluglehrer Start zum ersten Alleinflug.

Nach Bremen zurückgekehrt folgen neben weiterer theoretischer Ausbildung Simulator-Flüge und 30 Flugstunden auf der Beech C 90 „King Air" 28 Stunden auf dem Jet-Trainer, einem Übungsgerät zum Übergang von Propeller- auf die wesentlich schnelleren Düsenmaschinen. Nun erhält der Flugschüler einen Vertrag als Kopilot.

Nach sechswöchiger Einweisung in die Typen Boeing 737 und 727 folgen 24 Stunden in einem weiteren Cockpit-Trainer, der auf alle Handgriffe genau so reagiert wie das echte Flugzeug, ohne sich vom Boden zu erheben. Fehleinspeisungen zwingen dazu, auch mit außergewöhnlichen Situationen fertig zu werden.

Noch einmal geht es in die USA, nach Arizona, Texas oder New Mexico: 12 Stunden Flugtraining zum Erwerb der „Musterberechtigung Boeing 737/727", also der Erlaubnis, den betreffenden Typ als Berufspilot zu fliegen.

Acht Wochen fliegt der junge Pilot nun zunächst als 3. Flugzeugführer in dem betreffenden Typ mit, dann wird er als Kopilot im Liniendienst eingesetzt.

Nach mindestens 3000 Flugstunden kann die Kapitänslizenz erworben werden. Später wird der Pilot nach Alter und Erfahrung auf die anderen Typen Boeing 707, Airbus A 300 bis zu den Großraumflugzeugen DC 10 und Boeing 747 umgeschult. Mit 55 Jahren scheidet er aus dem Flugdienst aus.

Die Ausbildung zum Flugingenieur (Voraussetzung: Fachhochschulreife oder Studienabschluß) verläuft ähnlich.

Theoretische Ausbildung an der Fliegerschule

Erste fliegerische Flugübungen im Link-Trainer

Erste Flüge auf „Bonanza" oder „Baron"

Letzte Einweisung im Jet-Trainer Airbus

Vor rund 500 Jahren soll der chinesische Mandarin Wanhu einen Feuerstuhl mit 49 großen Raketen gebaut haben. Dieser Versuch, das Raketenalter vorwegzunehmen, bekam ihm schlecht: Beim Start fand er den Tod.

Raketen und Satelliten

Was ist eine Rakete?

Die Rakete ist ein geschoßähnlicher Flugkörper, der durch Rückstoß angetrieben wird. Im Gegensatz zu anderen Strahltriebkörpern, zum Beispiel den Düsenflugzeugen, führt die Rakete nicht nur die zur Schubgewinnung nötige Energie, sondern auch den zur Verbrennung der Treibmittel erforderlichen Sauerstoff mit sich. Sie ist daher nicht an die umgebende Lufthülle als Sauerstofflieferant gebunden und kann sich auch im luftleeren Raum bewegen.

Wozu verwendete man früher Raketen?

Die ersten Raketen haben wahrscheinlich vor mehr als 700 Jahren die Chinesen hergestellt. Ihre Raketen ähnelten unseren großen Feuerwerkskörpern. Ganz sicher waren die Chinesen die ersten, die das Schießpulver erfanden und es als Treibsatz für Raketen verwendeten. Im Jahre 1232 bekämpften sie mit „fei-i-hochien" (fliegenden Feuerstöcken) die Mongolen, die die Stadt Keifêng belagerten.

Ein Chinese soll auch der erste gewe-

Eine V1 kurz vor dem Einschlag in die Londoner City (Zweiter Weltkrieg, Oktober 1944). Die weißen Flecken auf dem Foto sind Fesselballons der britischen Luftabwehr.

sen sein, der mit einem Raketenapparat zu fliegen versuchte. Angeblich setzte sich der Mandarin Wanhu um 1500 auf einen Bambusstuhl, an dem 49 große Raketen befestigt waren. In jeder Hand hielt er einen Drachen, der ihm helfen sollte, sanft zur Erde zurückzugleiten. Auf ein Signal wurden alle Raketen zugleich gezündet. Es gab ein gewaltiges Krachen, einen großen Feuerstoß — und Wanhu und sein Fluggerät waren verschwunden.

Die Erfindung der Schießpulverrakete wurde von den Arabern übernommen und gelangte von Arabien nach Europa. Seit dem 14. Jahrhundert wurde manche europäische Stadt von ihren Belagerern mit Raketen in Brand geschossen. Als es dann die schweren Feuerwaffen, die Artillerie, gab, wurden Kriegsraketen nur noch selten benutzt. Man weiß aber, daß sowohl im amerikanischen Unabhängigkeitskrieg (1774 bis 1776) wie auch von Napoleon I. im Krieg mit den europäischen Alliierten (1799–1801) Kriegsraketen eingesetzt wurden. Auch die Engländer bauten Raketenwaffen, die sie von Schiffen abschossen, als sie 1806 Boulogne und 1807 Kopenhagen belagerten. 1814 eroberten die Engländer mit Hilfe ihrer Schiffsraketen Washington. In den nächsten Jahrzehnten bauten fast alle europäischen Staaten Spreng-, Brand-, Leucht- und Signalraketen für Kriegszwecke. Sie wurden aber bald wieder aufgegeben, als sich andere Waffen als wirkungsvoller erwiesen. Für den zivilen Gebrauch verwendete man noch kleine Raketen als Feuerwerkskörper und als Signalgeber, vor allem in der Schiffahrt. Als eine der gefährlichsten Waffen erschienen dann Raketen wieder im Zweiten Weltkrieg.

Wer waren die ersten Raketenforscher?

Der Gedanke, mit Raketenantrieb in den luftleeren Weltraum zu gelangen, sollte erst in unserem Jahrhundert entstehen. Daß man einmal mit Raketen zum Mond fliegen könne, hat zum erstenmal der amerikanische Physiker Dr. Robert Goddard geäußert. Er untersuchte die Flugfähigkeit von Raketen in verdünnter Luft. 1926 ließ Goddard die erste Flüssigkeitsrakete (vgl. Seite 43) steigen; sie flog 100 km/h und erreichte eine Höhe von 50 Meter. Schon vorher hatte der russische Physiker Konstantin Ziolkowski Pläne für eine Flüssigkeitsrakete entworfen.

In Deutschland war Hermann Oberth der erste, der sich theoretisch und praktisch mit der Entwicklung von Raketen beschäftigte. Schon 1917 entwarf er eine Rakete von 25 m Länge, die mit Alkohol und Sauerstoff angetrieben wurde. 1929 flog in Deutschland ein durch Raketen getriebenes Segelflugzeug. Das erste wirkliche Raketenflugzeug, die He 176, wurde von Heinkel gebaut; bei seinem Erstflug 1939 flog es sieben Minuten. Und 30 Jahre später stand dann der erste amerikanische Astronaut auf dem Mond.

Ein Raketentriebwerk ist recht einfach.

Warum fliegt eine Rakete?

Es braucht keine oder nur wenige bewegliche Teile. Die Rakete enthält Treibstoff, eine Brennkammer und eine Ausströmdüse. Die Verbrennung des Treibstoffs, bei der die Verbrennungsgase mit Geschwindigkeiten bis 12 000 km/h aus der hinteren Öffnung entweichen, verursacht den Schub.

Ferngelenkte Raketen haben Ausströmdüsen, deren Lage man durch Funksignale von der Erde aus verändern kann, so daß sich die Richtung des Gasausstoßes ändert. Die Rakete dreht sich dann in die Richtung, in die das Gas ausgestoßen wird. Auf einem Radarschirm wird der Flug der Rakete beobachtet. Wenn sie vom Kurs abweicht, alarmiert sie automatisch einen Elektronenrechner. Die Berechnungen für die nötige Richtungsänderung werden in wenigen Sekunden von dem Computer durchgeführt. Durch Funkwellen, die bestimmte Motoren in der Rakete steuern, wird dann die Kursänderung veranlaßt.

Ferngelenkte Raketen wurden zuerst im Zweiten Weltkrieg von den Deutschen entwickelt; London wurde mit ihnen bombardiert. Die Reichweite dieser V-2-Raketen betrug 250 km, ihre Geschwindigkeit fast 5000 km/h. Die V 2 gilt als „Stammvater" aller modernen Großraketen, die Reichweiten von über 9000 km und Geschwindigkeiten im Weltraum von über 40 000 km/h erreichen.

Man unterscheidet Feststoff- und Flüssigkeitsraketen.

Was sind Feststoff-, was Flüssigkeitsraketen?

Feststoffraketen, wie zum Beispiel Feuerwerkskörper, werden durch einen Explosivstoff angetrieben, der fest oder pulverig sein kann. Sie brauchen auch keine besonderen Brennkammern; das ganze Innere kann die Brennkammer bilden. Raketen mit flüssigem Treibstoff haben kompliziertere Triebwerke. Sie müssen zwei getrennte Behälter haben. Der

Am 16. Juli 1969 startete die mächtige Saturn V mit den Astronauten Armstrong, Aldrin und Collins zur ersten Mondlandung. Bei ihrer Rückkehr brachten die Astronauten 21 kg Mondgestein auf die Erde mit.

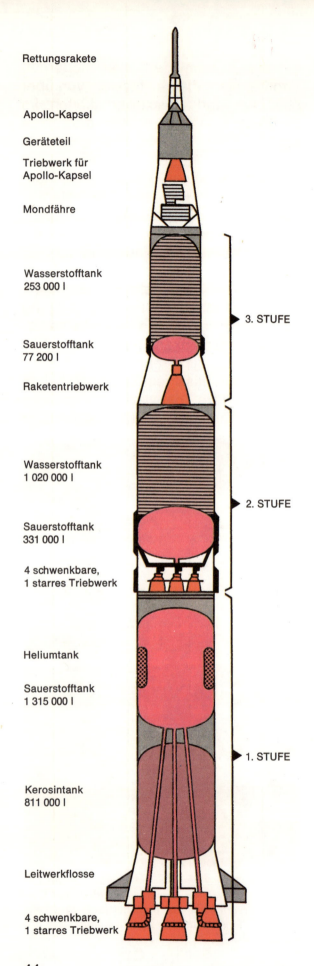

eine Tank enthält den Treibstoff (Benzin, Wasserstoff, Alkohol oder eine andere Verbindung), der andere enthält flüssigen Sauerstoff. Turbinengetriebene Pumpen oder Preßgas spritzen Treibstoff und Flüssigsauerstoff nach und nach in die Brennkammer; dort mischen sie sich, und ein einmaliger Zündfunke bringt das Gemisch zum Brennen. Der explosionsartige Gasausstoß hält so lange an, bis aller Treibstoff verbrannt ist oder bis die Pumpen keinen Treibstoff mehr in die Brennkammer schaffen.

Ein bemanntes Raketenflugzeug kann darum bisher nur mit flüssigem Treibstoff ausgerüstet sein, weil es bei einer Feststoffrakete schwer möglich ist, Brennschluß und Fluggeschwindigkeit zu regulieren.

Für die Verkehrsfliegerei eignen sich Raketenflugzeuge nicht. Der Treibstoff verbrennt zu schnell, nimmt zuviel Raum ein und ist nicht ungefährlich.

Was ist ein Satellit?

In den fünfziger Jahren begann die Eroberung des Weltraums. Neun Zehntel der Luft, die die Erde umgibt, erstreckt sich bis in eine Höhe von 15 km; darüber wird die Luft immer dünner. Die äußerste Höhe, in der noch ein Düsenflugzeug fliegen könnte, liegt bei 22 km, darüber bekommt es nicht mehr genug Sauerstoff, um den Treibstoff zu verbrennen. Ab 40 km Höhe können auch keine Schallwellen mehr entstehen. In 80 km Höhe beginnt die sogenannte Ionosphäre. Dort gibt es praktisch keine Luft mehr und also auch keinen Luftwiderstand.

Wo beginnt der Weltraum? Man rechnet für die gesamte Erdatmosphäre eine Höhe von etwa 1000 km; für die

Links: die 111 m hohe dreistufige Trägerrakete „Saturn V" im Schnitt.

Raumfahrt sind die Bedingungen aber in 160 bis 200 km Höhe schon denen des offenen Weltraums gleich. Man sagt darum, ein Flugkörper, der in solcher Höhe fliegt, fliegt im erdnahen Weltraum.

Einen fliegenden Körper, der einen anderen, größeren, umkreist, nennt man einen Satelliten. Der Mond ist ein Satellit der Erde, und die Erde ist ein Satellit der Sonne. Die ersten künstlichen Satelliten wurden von den Russen (4. 10. 1957: Sputnik I) und von den Amerikanern (2. 2. 1958: Explorer I) in eine Umlaufbahn um die Erde geschossen. Mit ihnen begann der Weltraum-

Warum bleibt ein Satellit am Himmel?

Wenn man einen Ball in die Luft wirft, fällt er zur Erde zurück. Man nennt diesen „Zug" der Erde Anziehungs- oder Schwerkraft. Es gibt ein physikalisches Gesetz, das für alle Körper gilt, die sich bewegen: Ein sich bewegender Körper setzt seine Bewegung in gerader Linie fort, solange keine andere Kraft auf ihn einwirkt.

Wenn ein Flugkörper mit 28 600 km/h auf eine Höhe von etwa 200 km hochgeschossen wird und die Erde umkreist, wirken zwei Kräfte auf ihn ein:

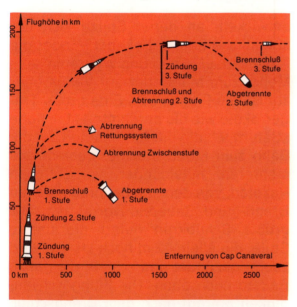

Dieses Schema zeigt den Aufstieg einer „Saturn V". Jede Zündung und jeder Brennschluß bewirken Veränderungen der Fluggeschwindigkeit.

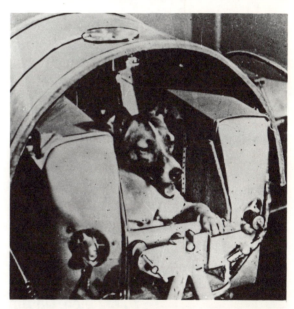

Als erstes Lebewesen umkreiste im November 1957 die Hündin Laika die Erde in dem sowjetischen Raumflugkörper „Sputnik (Weggenosse) 2".

flug. Im Jahre 1961 umkreiste dann der erste Mensch, der Russe Gagarin, die Erde im luftleeren Raum. Vieles mußte erforscht werden, bevor man es wagen konnte, einen Menschen in den Weltraum zu schicken. (Darüber berichtet ausführlich WAS IST WAS Band 16 „Planeten und Raumfahrt".)

Ohne Raketen hätte es keine Weltraumfahrt gegeben. Nur mit Raketenantrieb konnte man Raumfluggeräte in den luftleeren Weltraum schießen.

Die Anziehungskraft der Erde, also ihre Schwerkraft, zieht ihn zur Erde zurück, die Fliehkraft dagegen, die sich aus seiner kreisförmigen Bewegung ergibt, zieht ihn von der Erde fort. Bei der angegebenen Höhe und Geschwindigkeit sind die beiden Kräfte etwa gleich stark, und der Flugkörper umkreist die Erde als Satellit.

Die Geschwindigkeit, die nötig ist, um die Schwerkraft der Erde zu überwinden, nennt man die Flucht- oder Ent-

45

Sofort nach der Landung auf dem Mond begann der amerikanische Apollo-16-Kommandant John Young mit dem Aufbau einer wissenschaftlichen Station, die bei der Rückkehr der Astronauten zur Erde auf dem Mond zurückblieb. Unser Foto, aufgenommen von Astronaut Charles Duke, zeigt links die Landefähre „Orion" und rechts John Young an dem mit Batterie betriebenen Mondmobil.

weichgeschwindigkeit; sie beträgt etwa 40 000 km/h. Soll ein Satellit auf einer Erdumlaufbahn bleiben, braucht er eine Geschwindigkeit von mindestens 28 000 km in der Stunde. Soll er der Anziehungskraft der Erde entfliehen und in den Weltraum hinausfliegen, muß er 40 000 km/h erreichen.

Was sind Trägerraketen?

Die Geschwindigkeit, die ein Satellit braucht, um in die Erdumlaufbahn zu gelangen, ist nicht mit einer einzigen Raketenzündung zu erzielen. Darum hat man mehrstufige Trägerraketen entwickelt, an deren Spitze sich der eigentliche Satellit befindet — oder die Raumkapsel, die in den Weltraum, zum Mond, zum Mars oder zur Venus oder zur Sonne fliegen soll. Eine große Trägerrakete wie die berühmte 111 m hohe „Saturn V", die die Astronauten auf die Bahn zum Mond brachte, besteht aus mehreren miteinander verbundenen Raketen, von denen jede ihren eigenen Brenn- und Sauerstoffvorrat hat. Die größte Schubkraft liefert die untere Stufe, die allein 42 m hoch ist. Sie wird zuerst gezündet und schießt die ganze Rakete nach oben. Die Fluggeschwindigkeit beträgt nach dem Brennschluß dieser Stufe etwa 7500 km/h. Ist die

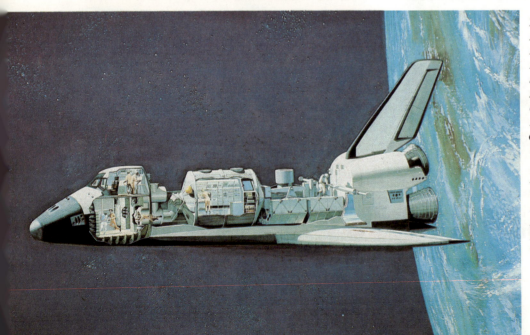

Zur Erforschung von Produktionsmöglichkeiten im schwerelosen Weltraum und für andere wissenschaftliche Experimente wurde in Bremen das tonnenförmige Weltraumlabor „Spacelab" entwickelt. Es soll mit dem US-Raumtransporter „Space Shuttle" in eine Erdumlaufbahn gebracht werden. „Space Shuttle" kehrt wie ein Flugzeug zur Erde zurück und kann wiederverwendet werden.

Zwei Fernmeldesatelliten SYMPHONIE wurden 1974 und 1975 in eine stationäre Position über dem Äquator geschossen. Sie übermitteln gleichzeitig je 1200 Telefonate und 2 Fernsehprogramme.

Der Nachrichtensatellit INTELSAT V steht 36 000 km über dem Äquator und steuert die gesamte interkontinentale Nachrichtenübermittlung. Er wiegt 1 t, seine Sonnenzellen erzeugen 1,2 kW.

Der Forschungssatellit EXOSAT wurde 1981 mit der europäischen Trägerrakete „Ariane" in den Orbit (Erdumlaufbahn) geschossen. Der Satellit mißt außerirdische Röntgenstrahlen.

erste Stufe in etwa 60 km Höhe ausgebrannt, löst sie sich ab; die zweite Stufe zündet und bringt den Flugkörper auf etwa 160 km Höhe; gleichzeitig erhöht sich die Geschwindigkeit der Rakete auf etwa 27 000 km/h. Die ausgebrannte zweite Stufe fällt ab, und erst die dritte Stufe bringt den Satelliten in die Erdumlaufbahn. Bei den Mondflügen beschleunigte dann eine zweite Zündung der dritten Stufe auf 40 000 km/h, also auf Fluchtgeschwindigkeit, und die Apollo-Kapseln flogen in Richtung Mond davon.

Die Forschungssatelliten, die für eine Umlaufbahn um die Erde bestimmt sind, werden in Höhen geschossen, die vorher genau geplant sind, je nach dem Forschungszweck, dem sie dienen sollen. Je höher die Umlaufbahn sein soll, desto größer muß die Abschußgeschwindigkeit sein.

Satelliten können groß oder klein sein;

Wozu verwendet man Satelliten?

sie können wenige Kilogramm, aber auch viele Tonnen wiegen. Der erste amerikanische Satellit von 1958 (verglüht am 31. 3. 70) wog nur 14 kg, brachte aber gleich einen großen wissenschaftlichen Erfolg: Durch ihn wurde der Van-Allen-Gürtel entdeckt, die Hülle aus radioaktiven Strahlen, die jenseits der Atmosphäre die Erde umgibt. Seitdem verging kaum ein Monat, in dem nicht ein neuer Satellit in Ost oder West gestartet wurde. Die meisten dienen der Forschung — der Erforschung der Atmosphäre, des Wetters, der Erdoberfläche, der Weltraumstrahlen und vielem mehr. Sie sind mit Kameras ausgerüstet, deren Aufnahmen und Meßergebnisse von Bodenstationen empfangen und ausgewertet werden. Manche der Satelliten bleiben nur wenige Tage, andere bleiben jahrelang oben.

Die drei Antennen in Raisting (Obb.) gehören zu dem weltweiten INTELSAT-System mit 225 Antennenanlagen in 100 Ländern. Antenne 1 (vorn) ist zum Schutz gegen die Witterung mit einer Kunststoffhülle verkleidet.

Astronaut White bei einem „Spaziergang" im All

Die Erde, von einem Satelliten um 12 Uhr mittags brasilianischer Ortszeit aufgenommen. Der Satellit steht in 35 800 km Höhe über Nordbrasilien. Am oberen Rand sieht man die USA und den Golf von Mexiko. Über dem Atlas (Nordafrika, rechts oben) und der Westküste von Südamerika toben als braune Schatten sichtbare schwere Stürme.

Nachrichtensatelliten gehören zu den Typen, deren Nutzen jeder erfährt, wenn er fernsieht: Sie senden Bilder des Geschehens von einem Kontinent zum anderen. Neuere Typen können ein Dutzend Farbfernsehfilme und Tausende von Telefongesprächen gleichzeitig übermitteln. Bei den Nachrichtensatelliten ist man dazu übergegangen, je einen über einem bestimmten Gebiet „aufzuhängen", das heißt, ihre Fluggeschwindigkeit ist mit der Erdumdrehung abgestimmt; sie sind also, von der Erde aus gesehen, stationär. Als Relaisnetz umspannen sie nun die ganze Erde; Dutzende von Erdfunkstellen empfangen ihre Signale, wandeln sie um und leiten sie an Radio- und Fernsehstationen weiter.

 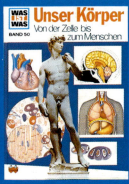 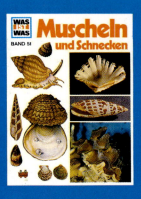 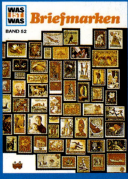 
  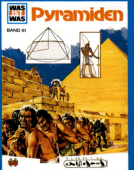 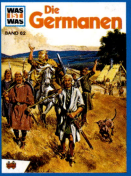 
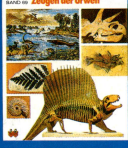 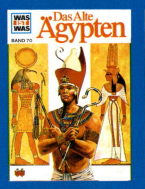  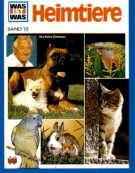 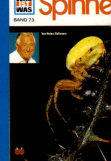

Die Reihe wird fortgesetzt.